U0880300

权威·前沿·原创

皮书系列为

“十二五”“十三五”国家重点图书出版规划项目

北京国际城市发展研究院社会建设研究重点项目
北京市社会发展研究中心西城区街道发展研究重点项目
北京国际城市文化交流基金会智库工程出版基金资助项目

街道蓝皮书
BLUE BOOK OF
SUB-DISTRICT OFFICE

北京街道发展报告 No.1
西长安街篇

THE DEVELOPMENT OF BEIJING'S SUB-DISTRICT OFFICES No.1:
WEST CHANG'AN AVENUE CHAPTER

主　　编／连玉明
执行主编／朱颖慧

社会科学文献出版社
SOCIAL SCIENCES ACADEMIC PRESS (CHINA)

图书在版编目(CIP)数据

北京街道发展报告. No. 1. 西长安街篇 / 连玉明主编. --北京：社会科学文献出版社，2016. 8
（街道蓝皮书）
ISBN 978-7-5097-9249-0

Ⅰ. ①北… Ⅱ. ①连… Ⅲ. ①城市道路-城市建设-研究报告-西城区 Ⅳ. ①D669. 3

中国版本图书馆 CIP 数据核字（2016）第 125133 号

街道蓝皮书
北京街道发展报告 No. 1 西长安街篇

主　　编 / 连玉明
执行主编 / 朱颖慧

出 版 人 / 谢寿光
项目统筹 / 邓泳红　郑庆寰
责任编辑 / 吴　敏

出　　版 / 社会科学文献出版社 · 皮书出版分社（010）59367127
地址：北京市北三环中路甲 29 号院华龙大厦　邮编：100029
网址：www. ssap. com. cn
发　　行 / 市场营销中心（010）59367081　59367018
印　　装 / 三河市东方印刷有限公司

规　　格 / 开　本：787mm × 1092mm　1/16
印　张：16. 75　字　数：223 千字
版　　次 / 2016 年 8 月第 1 版　2016 年 8 月第 1 次印刷
书　　号 / ISBN 978-7-5097-9249-0
定　　价 / 98. 00 元

皮书序列号 / B-2016-506

街道蓝皮书编委会

《北京街道发展报告 No. 1 西长安街篇》
编　写　组

总　策　划　艾　丽　连玉明　朱颖慧

主　　　编　连玉明

执行主编　朱颖慧

副　主　编　焦　扬　邢旭东　张俊立　宋　青

核心研究人员　连玉明　朱颖慧　焦　扬　邢旭东　张俊立
宋　青　张　涛　高继龙　朱永明　吴　佳
张志强　陈　慧　张　璇　赵　昆　孟芳芳
姜思宇　王彬彬　赵清松　张　清　陈　曦

主编简介

连玉明　著名城市专家，教授、博士，北京国际城市发展研究院院长，北京市人民政府专家咨询委员会委员，北京市社会科学界联合会副主席，北京市哲学社会科学京津冀协同发展研究基地理事长、首席专家，基于大数据的城市科学研究北京市重点实验室主任，大数据战略重点实验室主任，北京市社会发展研究中心理事长。

研究领域为城市学、决策学和社会学。近年来致力于大数据战略和生态文明理论及实践研究。主编《社会管理蓝皮书：中国社会管理创新报告》(2012/2013/2014)、《贵阳蓝皮书：贵阳城市创新发展报告》等专著60余部。主持编制了北京市西城区、朝阳区、门头沟区和贵州省贵阳市“十三五”社会治理专项规划。

摘 要

基层治则国家治。街道在城市和国家治理体系中处于基础性的地位。在北京市落实首都新定位、建设国际一流的和谐宜居之都的历史进程中，西城区任务艰巨，使命光荣。近年来，西城区围绕做好“四个服务”，坚持“抓街道、街道抓”，深入推进区域发展转型和管理转型，不断深化街道社区管理体制改革，落实街道加强区域党建、统筹辖区治理、组织综合执法、指导社区建设等职能；15 个街道立足自身优势，融入发展大局，积极探索首都基层治理体系和治理能力现代化之路，其丰富实践为首都城市治理创新提供了鲜活的经验，具有重要的借鉴意义和理论价值。

《北京街道发展报告 No.1 西长安街篇》立足于西长安街作为“京城第一街道”的特殊街情，分析、延展和丰富“红墙意识”，与首善标准相结合，提出了推动安全稳定长效化、城市管理精细化、公共服务品牌化、商业发展现代化、社区治理特色化和基层党建科学化的街道发展思路。同时，以破解发展难题、创新发展思路为导向，对社区教育体系建设、生命全周期服务体系、社区工作体制机制改革、老旧小区“准物业”管理、区域化党建、社区“微”治理、作风建设常态化等方面进行了综合分析，总结了“红墙文化”特色品牌、“睦邻之家”、西单大数据人流监测预警系统、“温馨家园”、“全响应”社会服务管理体系创新、百姓生活服务中心等典型经验。

在此基础上，本书认为，要按照国际一流的标准，用和谐、宜居两把尺子审视西长安街街道的发展，重点从维护区域和谐稳定、推进非首都功能疏解、抓好人口规模调控、抓好“全响应”平台建设、推进城市精细化管理、提升老旧平房区治理与服务水平、推动西单商业区转型升级、推进社区治理和棚户区改造等方面着手，坚持并丰富“红墙意识”，在北京国际一流和谐宜居之都建设中走在前列。

Abstract

Well-governed localities give rise to a well-governed country Sub-district holds a foundational position in a city and country's governance system. In the historical process of implementing Beijing's new positioning as the nation's capital and building a world-class harmonious and livable city, Xicheng District takes on monumental tasks and glorious mission. In recent years, Xicheng District centering on the principles of "Four Services" and "Governing street, self-governance," has pressed ahead with regional development and management transformation, deepened reform on sub-district community management system, implemented Party construction and coordinated governance at the sub-district level, organized comprehensive law enforcement, and provided guidance to community construction. 15 sub-districts based on their own advantages have integrated into the grand development framework, proactively exploring the path of achieving the modernization of grassroots governance system and governance capacity, as its rich practice has provided fresh experience in urban governance innovation for Beijing. These experiences carry great value of reference and theoretic significance.

The Development of Beijing's Sub-district Offices No. 1: West Chang'an Avenue Chapter, which is based on unique condition of "Beijing No. 1 Street," examines, extends and enriches the "red-wall awareness," in line with the criteria of the national capital, puts forwards framework for street neighborhood development that emphasizes long-term effect of safety and stability, refined urban management, brand awareness of public services, modernization of business development, distinctive features of community governance and scientific construction of grassroots Party organization. At the same time, aiming at overcoming development difficulties and charting innovative course, it conducts wide-reaching analysis on the construction of community education system, reform on whole life-cycle service system and community work system, "semi-professional management" on old residential area, neighborhood Party construction, "micro" governance of community and normalization of service quality and attitude; it also summarizes the model experience of forging the "redwall culture" distinct brand, "neighbor home", Xidan Big Data traffic flow monitoring and pre-warning system, "Sweet Home", "full-response" social service management system innovation, residents life service center.

On this basis, the report concludes that the development of West Chang'an Avenue should be measured by the yardsticks of world-class standard and building a harmonious and livable city, press ahead from ten aspects of maintaining regional harmony and stability, advancing non-capital function relief, well managing population size, realizing "full response" platform construction, spurring refined urban management, improving remedy and service of old one-story house neighborhood, promoting transition and upgrade of Xidan business district, advancing community governance and shantytown renovation; adhering to and enriching the "red-wall awareness," take the lead in transforming Beijing into a world-class harmonious and livable city.

目　录

Ⅲ 理论报告

Ⅳ 调研报告

Ⅴ 案例报告

皮书数据库阅读**使用指南**

CONTENTS

Ⅲ Theory Reports

Ⅳ Survey Reports

V Case Reports

代前言
基层党组织建设的核心是提升服务能力

李会增*

一　基层党组织在地区治理体系中发挥着领导核心作用

2014 年 5 月，中央下发了《关于加强基层服务型党组织建设的意见》，文中更加强化了基层党组织的服务功能，并提出了新的要求。服务是党的建设永恒的主题。街道党工委作为最基层的党的组织，肩负着服务群众、服务党员的任务，我认为加强基层服务型党组织建设，核心在服务，重点在建设，根本是群众满意。街道这个层面，更多的是讲服务。除了要为西城区、北京市服务外，更多的是要为辖区的老百姓服务。说得通俗一点，就是充分发挥基层党组织的核心作用，把党员和群众组织起来，通过力所能及的方式和投入，服务党员，服务群众，让党员和群众满意，促进社会的和谐，这就完成了我们基层服务型党组织建设的主要任务。西长安街作为西城区的核心街区，有着显著的特点。

第一，服务标准高。作为上一级党委的派出机构，西长安街街道党工委和其他街道一样，都是履行基本职责。但不同的是这个街道辖区在北京市的特殊区位，党和国家的很多重要机构，例如党中央、国

* 李会增，时任中共北京市西城区委西长安街街道工作委员会书记。

务院、全国人大、中组部、中宣部等机构都在西长安街属地。同时，这里还是人民大会堂、国家大剧院和闻名遐迩的西单商业区所在地。在总共4.24平方公里的辖区内，可能每天都会发生影响中国乃至世界的大事件。所以我们的服务标准比较高，这是我们地区的特点。所谓“红墙意识”，根本的就是大局意识、责任意识和服务意识。

第二，服务内容广。西长安街地区的群众构成呈现多元化特点，服务内容涵盖面比较广，既有党的组织机构的最高机关，也有普普通通的群众和党员。除了有50多家中央国家机关以外，还有非公企业2000多家，流动人口17000多人，同时每天有将近七八万人到我们街区购物、观光等。

第三，服务任务重。我们街道的服务对象相对来讲比较特殊，服务任务比较重。这几年随着城市的改造，包括西长安街道路拓宽、重点工程的改造，以及近两年环中南海周边的环境建设，我们地区老城区的改造拆迁任务很重。此外，我们地区人户分离的状态在50%以上，有些人甚至很难找到，人口管理方面更具有复杂性。

二　建设服务型党组织是提高服务能力和执政能力的重要抓手

建设基层服务型党组织，是我们党转变领导方式和执政方式，加速自身现代化建设步伐的战略选择。加强党组织的服务功能，就是要以服务群众、做群众的工作为主要任务，以整合各方资源，为群众提供最实际、最贴心的服务为目标，建立上下通贯、左右联通的服务体系，提升服务能力。西长安街作为这样一个特殊的街道，主要通过以下几个方面来提高基层党组织的服务能力和居民的满意度。

一是抓品牌，强化服务理念。经过若干年，我们街道形成了“红墙意识”的政治品牌，传承、弘扬红墙氛围，不断强化服务意识和首善标准，街道每年会组织很多活动来增强基层党组织的活力。另外，我们还有两个服务品牌——“5S”① 精益服务品牌和“京城第一街道”的发展品牌。我们始终在群众和党员当中不断完善这三个品牌建设，倡导终身学习，还在驻区单位进行宣传、弘扬，强化大家的这种服务理念。

二是练内功，提高服务能力。这几年，我们抓骨干，强队伍，练内功，提高自身服务能力。选准配强机关党支部书记队伍；选拔会党务、懂基层的大学生党员充实到社区党组织班子中；聘选党建指导员，加强对非公党建工作的指导，真正把各级基层党组织配齐、配强、配优。邀请中组部、中宣部等领导和专家，搞好理论宣讲和政策讲解；联系中国思想政治研究会学者，深入社区蹲点接地气，指导开展服务群众工作。对年轻有能力的优秀干部和社区工作者，实施双向挂职锻炼；对科级领导，实施外埠实践锻炼；对社区延时工作人员，实施用餐补助；对非公企业党组织负责人，实施每月 200 元的通信补贴，激发工作动力。

三是建阵地，打造服务平台。我们不断完善便民活动阵地，建设了残疾人温馨家园、文化活动中心、长安幸福家园和爱心慈善超市，为驻区群众提供扶残助残、文化体育、为老送餐、爱心救助和“生命全周期”等全方位服务。在 9 个商务楼宇全部建立了党的社会工作站，在西单大悦城、高登大厦分别建立了 300 平方米的党群活动服务中心和 200 平方米的“六站合一”工作站。创建网格化服务平台，将综治维稳网、城市管理网和社会服务网“三网融合”，承担行政服务、社会管理、社会服务、应急处置和城市管理“五位一体”的综合职能。

四是贴民心，提升服务质量。近年来，街道建立了“六必访”

---

① “5S”指的是微笑（Smile）、高效（Speed）、标准化（Standard）、真诚（Sincere）、满意（Satisfy）。

制度，即：红白事必访、家中有困难必访、有病必访、家庭邻里纠纷必访、突发事件必访、节前必访，借助开展“访听解”“民情恳谈会”“走千户访千人”等活动了解居民需求，切实让居民感受到党的关心和温暖。街道还建立了处级领导干部“挂钩”社区、信访接待，机关干部到社区挂职等机制，通过在社区建立“睦邻之家”，开通24小时“访听解热线”等方式，想方设法解民难，自觉站在讲政治的高度，主动做好一些重点工程项目的服务保障工作。积极探索城市精细化、扁平化管理模式，建设精品胡同，改善区域人居环境和生活品质。统筹推进居民“煤改电”工作；在辖区胡同开设便民菜站，解决群众买菜难的问题；安装晒衣杆，解决平房院居民晾衣晒被困难；建立民生救助专项基金，解决居民生活中出现的特事、急事、难事；成立“红墙”艺术团，每年举办“文化体育季”和“红墙杯”合唱节，努力满足群众的文化和精神生活需求；成立街道综治维稳中心，建立健全综合治理、维护稳定、平安建设工作网络。街道积极发挥“第一道防线”的作用，确保了地区的和谐与稳定。

三　创新基层党建要始终以群众需求为出发点和落脚点

随着社会的不断发展，群众的需求越来越多样化，这对党组织也提出了更大的挑战。

基层党组织的重点服务对象是群众，需要我们做的工作也主要是面对群众，这也就决定了在加强基层服务型党组织建设中，迅速响应群众诉求，快速解决民需民困是一项重要任务。其中一个关键环节是掌握需求，要服务老百姓，就要了解他们的需求。

一是通过建立机制、畅通渠道来掌握群众需求。加强基层服务型党组织建设，必须发挥基层党组织和党员队伍的主体作用，党员干部、党组织要冲在最前面。我们共有156名党员，每两名党员包一个困难家庭，通过不定期走动，了解民情民意，解决实际困难，让老百姓满意，真正拉近党员与基层群众的距离。

二是必须以改革创新的精神来推动服务类型的多元化。因为老百姓需要服务的内容非常多，层级也非常多，必须以开拓创新的精神来做。街道工委和社区党委直接面对不同群体的利益诉求和服务需求，要始终把“创新”付之于服务型党组织建设的实践中，采取多种手段来满足群众的各种需求。

三是坚持常态和长效，服务老百姓要有持久性。践行党的群众路线是我们基层党组织建设的永恒主题，加强基层服务型党组织建设是一项持续性的系统工程，要不断增进对人民群众的感情，建立完善联系服务群众机制，促使服务的“稳固化、长效化”。

四　发挥基层党建引领作用，打造首都核心区的示范区

习总书记“2·26”讲话提出了北京要建设国际一流的和谐宜居之都，明确了首都国家政治中心、文化中心、科技创新中心、国际交流中心的功能定位。北京市提出要强化首都核心功能，调整和疏解非首都核心功能。我们把疏解非首都功能作为核心区落实首都城市战略定位、提升优化首都核心功能的职责要求和政治担当，注重顶层设计、突出改革创新、强化工作推进。在人口疏解的过程中，最重要的问题就是既要完成疏解任务，又要保持稳定和社会和谐，保障不出乱子。比如长安街拓宽的任务从接到到结束一共100天，在这个过程中我们以党建为统筹，充分考虑百姓的切身利益并采取了一些措施。一是充分告知老百姓，给老百姓讲清楚事情的重要性。拆迁是一项政治任务，这个要跟老百姓讲清楚，是一个国家的征地，不是开发商盖

楼，这是国家的任务，每个人必须要维护国家的利益。充分考虑个人的困难，但是绝不能因为有困难就不走，在马路上当钉子户肯定不现实，肯定要走。二是当好老百姓的代言人，最大可能地为当地百姓争取权益保障。我们地区的老百姓这么多年都为共和国做了很多贡献，为什么呢？区内很多地方可以利用临街房子来做买卖挣钱，街道的老百姓很讲政治，都不太去做，实际上这本身就是贡献。

今后，街道将持续瘦身，全力有序疏解非首都核心功能。按照西城区新增产业的禁止和限制目录的要求，严格市场准入，调整地区产业结构，持续开展“七小”业态综合整治，争取提前完成有证照削减20%的目标，全面完成地区的“五小”摊点退路进店工作；腾笼换鸟，全力推进和谐宜居示范区建设，围绕“三金海”重点工程建设，完善地区基础设施，统筹完成西单天安天地珠宝市场腾退和民生银行进驻工作。精心建设百姓生活服务中心，提升地区生活性服务业水平，推进西单智慧商圈建设，促进地区产业结构优化升级；打好人口调控攻坚战，按照以证管人、以房管人、以业控人的思路，打好人口调控组合拳，依托全响应网格化管理平台，实现现有人口动态管理，以非首都核心功能疏解带动人口疏解工作，全力以赴完成好和平门内小区地下空间的清理整治工作。

作为西城区政治核心区，今后几年，我们要遵循建设国际一流和谐宜居之都这个大目标，把西长安街地区着力打造为核心区的示范区。目前，我们这个区域已整体纳入西城区的核心建设中，这个核心区建设包括什刹海街道南部和西长安街街道全部。西城区计划用四到五年的时间来推进核心区的示范区建设，市、区两级计划投资800多亿元，涉及道路规划和人口疏解等领域百余个项目。示范区建设重点着力以下三个方面。

一是功能布局。进一步推进国家大剧院西侧棚户区改造工作，坚持自愿腾退、整院疏解的原则，坚持以人为本、攻坚克难、创新思路，做好群众工作，结合棚户区改造，切实改善群众居住和生活条件。疏解之后，这个区域以居住为主，但是同时也有商业。比如我们建议商业与大剧院这个产业要配合在一起，进一步提升国家大剧院西侧的区域环境品质。

二是改善基础设施。改善一些基础设施，比如老北京四合院和胡同，这些地方建设的时候没有停车位、煤气、自来水和暖气等，通过这次改造把这些因素都考虑进去。尽管煤改电是一个奢侈的财政方式，但效果是最明显的，没有了二次污染，有利于打造一个安全、安静、舒适、典雅、古朴的区域环境。

三是加强城市精细化管理。继续探索平房区和老旧小区管理模式，坚持胡同环境整治与管理机制两手抓、两促进，持续推进精品胡同建设，将城市环境精品建设向平房院、楼宇单元和居民家中延伸，建设精品院落和精品单元。因地制宜地探索研究胡同管理新的机制，进一步完善街道主导、企业参与、居民自治的准物业管理模式和以居民公约、志愿服务为主导的胡同自治管理模式。

总 报 告

General Report

B.1

西长安街：以“红墙意识”和首善标准提升地区治理能力和服务保障水平

摘 要： 新的发展阶段，北京城市发展和管理工作面临全面转型。作为“京城第一街道”，西长安街街道在地区治理和服务保障中，立足区域特点，牢固树立“红墙意识”和首善标准，自觉将街道发展融合到首都建设大格局中，致力于推动安全稳定长效化、城市管理精细化、公共服务品牌化、商业发展现代化、社区治理特色化和基层党建科学化，形成了自己的特色。面向“十三五”，本文阐述了新形势下街道面临的机遇与挑战，指出要聚焦“服务、稳定、发展、民生”四个根本性工作和十大重点任务，针对街道在地区治理中存在的问题提出了建议。

关键词： 城市管理 社区治理 基层党建 西长安街街道

一　西长安街街道集中体现国家政治中心功能

（一）第一街道

西长安街街道地处首都城区中心，因位于“神州第一街”的长安街西而得名。这里是党中央、国务院、全国人大的办公所在地，集中体现了国家政治、外交和文化功能，被称为“京城第一街道”。辖区东以天安门广场西侧路、中山公园、故宫西墙为界与东城区毗邻，南以前门西大街、宣武门东大街中心线为界与大栅栏、椿树两个街道交界，西以西四南大街、西单北大街、宣武门内大街西侧便道为界与金融街街道相接，北以西安门大街、文津街南路边缘、故宫北筒子河中心线为界与什刹海街道为邻。辖区面积 4.24 平方公里，下辖义达里社区、和平门社区、未英社区、西单北社区、光明社区、西黄城根南社区、府右街南社区、太仆寺街社区、钟声社区、六部口社区、北新华街社区、西交民巷社区、南北长街社区 13 个社区，户籍人口 72874 人，常住人口 51477 人。

长安街街道始建于 1958 年。1949 年 1 月 31 日北平和平解放。1954 年 12 月根据人大常委会颁布的《城市街道办事处组织条例》，区政府在西长安街地区建立了 8 个街道办事处，1958 年，这 8 个办事处合并成西长安街街道办事处，随后建立了中共西城区西长安街街道党委。辖区范围为东至中山公园，西至西单北大街，南至和平门，北至西安门大街。面积 182400 平方米，195 条街巷，20158 户，人口 80476 人。下设 45 个居民委员会，2 个家属委员会，552 个居民小组。1958 年 8 月，人民大会堂开始兴建，街道干部 300 多人参加了人民大会堂的基础建设工作。在经历了人民公社和“文革”之后，于 1978 年恢复街道办事处。到 1990 年，街道党委改为区委的派出机构，全称为“中共北京市西城区西长安街街道工作委员会”，街道党委改建街道工委，形成现行体制。

（二）红墙基因

对长安街街道来说，红墙，不仅是一道景观、一种象征，还是一份荣耀与责任，更体现首都意识和首善标准。“红墙”自古就是中央政权的象征，也是人民对“中南海”的形象称谓。西长安街街道地处首都功能核心区，辖区内坐落有中南海和人民大会堂，还有中央组织部、中央宣传部、中央统战部、工业和信息化部等众多党政领导机构，集中体现了国家政治中心的地位。中南海一直是中共中央、国务院办公所在地，新中国成立以来，毛泽东、周恩来、刘少奇、朱德等老一辈无产阶级革命家曾在此居住办公。人民大会堂是全国人大常务委员会的办公地和召开全国人民代表大会的场所，同时还是党和国家领导人迎送外国元首和政府举行礼仪的地方，许多大型的文艺演出和纪念活动也都在此举行，具有重要的外交和文化职能。与此同时，这里也是承载首都核心功能、体现“四个服务”、塑造首都形象、展现西城魅力最直接和最集中的地区，因此，必须自觉担当起属地管理和服务保障重任，让驻区党政机关和人民群众满意。

（三）古都底蕴

西长安街地区名胜古迹繁多，文化底蕴深厚，传统风貌与现代气息相辅相成。坐落有中南海、天主教南堂、国立蒙藏学校、礼亲王府、升平署戏楼、福佑寺、仪亲王府、洵贝勒府、永佑庙等。国家大剧院、北京音乐厅、北京图书大厦等文化圣殿位于西长安街两侧，这里有着浓郁的文化氛围。辖区传统与现代辉映并存，既有北京内城典型的古都平房区，现有的 1.7 万余间四合院平房，依然保留胡同传统风貌，又有高楼林立、人流如织的西单商业区。西单自明清以来就是商贾繁华之地，与王府井、大栅栏比肩，是首都最为著名的三大传统商业区之一，如今已成为北京现代商业的“金名片”。

二 强化“红墙意识”，六化并举开创地区治理新局面

近年来，西长安街街道立足区域特点，牢固树立“红墙意识”，在“塑造一流的精神风貌、营造一流的和谐环境、打造一流的工作标准、创造一流的工作业绩、锻造一流的干部队伍”的工作目标的基础上，按照“京城第一街道”的发展要求，致力于推动安全稳定长效化、城市管理精细化、公共服务品牌化、商业发展现代化、社区治理特色化和基层党建科学化，推动街道发展融合到首都建设大格局中，形成自己的特色，开创地区治理新局面。

（一）安全稳定长效化

街道高度重视综治工作，按照区综治委的工作部署和要求，紧紧围绕“平安建设”这一主线，牢固树立“红墙意识”，坚持“打防结合、预防为主，专群结合、依靠群众”的社会管理综合治理工作方针，下大力加强组织领导，夯实基层建设基础，完善社会面治安防控体系，构建平安建设长效工作机制，狠抓综治治理措施落实，有效地保证了全地区治安秩序和社会秩序的稳定。

1. 保障重点活动，确保安全稳定

完善保障工作机制，确保完成重大活动保障任务。每次保障之前，细化工作方案，明确职责分工，梳理运行规范，完善应急预案；保障之中，落实责任，坚守岗位，加强保障组织领导；保障之后，及时总结经验，查找薄弱环节，充实和完善方案。在此基础上，协

调属地职能部门，建立社会面控制和环境保障会商机制，制定严密的信息沟通、定时汇报、形势研判制度，为无缝衔接任务、圆满完成纪念抗战胜利70周年阅兵等保障工作夯实基础。此外，扎实推进重点时期和重点部位的保障工作，围绕中南海周边、长安街沿线、广场周边等重点区域开展整治，完善专群结合、群防群治的防恐防暴工作。

2. 深化平安建设，落实属地责任

街道紧紧围绕建设平安北京、平安西城的总体工作目标，全面深化平安建设，由综治办牵头，与街道各相关科室、各社区、各综治成员单位层层签订了社会治安综合治理责任书，明确任务，认真落实“属地管理”责任。一是努力构建社会治安防控体系。按照点、线、面相结合，人防、物防、技防相结合，打、防、管、控相结合的方针，深入推进科技创安建设，结合街道精品胡同建设工作，安装视频监控系统，并全部接入警务工作站，有效提升辖区科技防范水平。二是加强重点地区和突出问题的排查整治。把群众反映强烈、事关群众切身利益的问题排查到位，对重点地区、重点问题，由综治办牵头，组织协调辖区内工商、卫生、城管、消防、公安等部门开展联合执法，集中整治并安排专人负责监督，取得良好的效果。

3. 健全组织体系，提升工作水平

一是完善制度体系。街道根据综治办人员变化情况及时对地区综治委成员进行调整，确保工作衔接、责权统一，从而保证地区综治委职能正常发挥。街道工委建立健全各项经费保障措施，确保综治维稳工作资金充足。大力支持综治维稳中心建设，健全完善各项规章制度和运行机制，不断提高综治维稳中心规范化、制度化水平，强化干部队伍和地区群防群治力量的教育培训，提高工作能力和水平，确保综治维稳中心各项工作落到实处。二是改革管理体制，组建社区综合治理委员会。按照街道深化社区管理体制改革的方案要求，制定了

《西长安街街道关于组建社区综合治理委员会的方案》。同步组建实有人口信息采集员队伍，采集辖区所有实有人口信息，将所有的数据信息纳入实有人口信息管理系统，及时进行更新维护，确保数据的真实准确，便于对辖区内流动人口的管理。

（二）城市管理精细化

西长安街街道积极落实市、区生态文明和环境建设有关工作部署和要求，围绕精神文明和城市环境建设工作，推进西长安街地区环境精细化管理，结合街道办事处“扁平化”管理工作，以“三个重点”（重点时间、重点部位、重点问题）为综合整治目标，认真做好环境综合整治，营造整洁、规范、和谐的城市环境秩序。

1. 整治辖区问题，创造宜居环境

街道协调相关职能部门，对重点大街、重点部位占道经营行为进行联合整治，按照“转移、调整、升级、撤并”的思路，坚决拆除存在安全隐患、严重影响环境的小市场，并对辖区内服务居民的早市环境秩序进行了规范管理。对辖区内遗留的妨碍居民日常生活问题进行重点清理，对部分老旧小区迫切需要修理改造的项目进行摸底调查。街道积极开展卫生综合治理工作，完成从街道日常环境维护到国家重大会议期间的环境卫生保障任务。监督指导辖区各单位开展控烟工作，紧抓垃圾分类的指导检查监督工作，创建垃圾分类精品小区。实行环境工作扁平化管理，制定《西长安街街道社区环境卫生扁平化管理实施方案》《西长安街街道社区公共设施维护员考核办法》，并根据实施方案，结合《北京市街巷环境卫生质量标准》和相关保洁作业检查标准，制定了保洁员考评办法，采用保洁队自查、社区组织联合检查、城管科巡查和各级领导检查及媒体曝光相结合的方式对保洁工作进行综合打分，并根据打分结果对保洁员进行评比。扁平化管理工作开展以来，社区环境卫生有了明显改善，环境卫生问题沟通

更加顺畅。

2. 做好绿化工作，创建花园社区

积极开展北京市“首都花园式单位”和“首都花园式社区”的创建工作，在未英社区成立“养绿、护绿、爱绿”志愿者巡逻队，打造西黄城根南街社区为首都花园式社区。开展首都义务植树日宣传活动暨首都绿化美化创建活动，与月坛绿化队签订《绿化养护管理协议书》《防控危险有害生物责任书》《古树名木养护管理责任书》。此外，街道结合精品胡同精细化管理和开展群众教育路线实践活动，对织女桥东沿河胡同等进行改造，打造整洁、干净、绿色长廊，为胡同内居民提供舒适的宜居环境；配合拆违办公室工作，对钟声胡同、北安里胡同、小酱坊胡同、东文昌胡同、南文昌胡同等违章建筑墙面和地面进行拆除、粉刷和铺设透水砖，并根据居民的需求安装晾衣架和移动花钵。

3. 加强城管监督，建立监管机制

根据西城区市政市容管委的要求，街道对辖区内所有在施工地、闲置工地加强日常管理，并且配合区环保局，在北京发布空气污染预警时，对辖区所有出土工地发出停工通知。城管监督工作方面，针对城管监督员工作状态不稳定、容易出现失误的问题，探索新的管理方式，建立了相关机制：一是在岗监督员每个工作日必须到负责社区报道，听取有关城市管理问题的意见；二是监督员联系社区必须做好登记，杜绝漏报和责任推诿现象，在监督员联系社区登记本上登记时，要标明社区所反映的问题及处理结果，并将情况整理后反馈给社区；三是将监督员联系社区作为监督员检查考核常态管理，队长、分队长不定期地进行检查，内勤每月要查看监督员联系社区登记本；四是监督员树立为辖区群众热情服务的理念，宣传城市管理相关法规，起到“监督员、联络员、宣传员、信息员”的作用。在日常管理当中，认真落实扁平化管理，建立起城管监督员联系社区通道，确保各街道监督队监督员与本责任区内的社区联系畅通。

（三）公共服务品牌化

西长安街街道在推进公共服务均等化的过程中，以人的需求为中心，以群众满意为目标，以增强公共服务功能为核心，通过创新街道公共服务理念和工作方式方法，营造了良好的公共服务环境，创建了以“5S”精益服务、生命全周期和行政服务标准化为特色的公共服务品牌，为居民的社会服务和家庭幸福创造便利条件。

1. 创建“5S”精益服务体系

公共服务大厅是街道为居民提供公共服务的主要阵地和直接窗口，窗口业务综合办理是否便利是居民体会政府公共服务好坏的重要形式，工作人员服务水平是衡量政府公共服务能力的重要标准。西长安街街道公共服务大厅在树立规范化、整齐化的对外服务形象，定期开展业务培训，拓宽思路，提高政治素质和业务技能，培养工作人员“一专多能”的业务能力的基础上，创新性地将企业精益服务理念引入公共服务管理，构建了具有西城特色的“5S”精益服务体系，即在微笑（Smile）、高效（Speed）、标准化（Standard）、真诚（Sincere）、满意（Satisfy）等服务理念的指导下，建立完善问题会商、工作信息通报、考核考评、学习培训、社情民意搜集上报、办理事项考评和职能科室值班等制度，实行考核考评与日常工作业绩挂钩，及时汇集更新政府法规政策和街道居民所需的信息，为居民在大厅办理业务提供规范化、人性化的服务，从整体上提升窗口服务质量，打造特色服务，更好地服务居民，提高居民的幸福感。

2. 创建“幸福家庭生命全周期公共服务体系”

为提升家庭发展能力，创建幸福家庭，“十二五”期间，西城区人口发展规划提出“构建覆盖家庭生命全周期的公共服务体系”的要求。从2012年开始，西长安街街道不断创新思维，以长安幸福家园为平台，逐步构建起以“覆盖生命全程的公共服务”为核心，家庭生命周期的八个阶段（即家庭准备期、婚育期、子女学龄学前期、子女少年期、子女青春期、空巢期、中老年父母期、高龄期）为重点，多项具体工作为抓手的“1+8+N”公共服务体系。其核心理念是为辖区百姓提供“人口全覆盖、家庭全成员、生命全周期、服务全方位”的公共服务。街道按照新型人口与计生工作服务模式，整合计生社区服务中心、团委等相关科室、北京市第二医院等地区职能部门资源，引入幸福泉亲子俱乐部等专业机构、百德社区等社会组织、健康你我他等志愿者团队，构建起了“科室+医疗卫生资源+专业机构+社会组织+志愿者队伍”的工作格局。

3. 创建社区行政服务国家标准

所谓行政服务标准化，是通过对行政服务标准的制定和实施以及对标准化原则和方法的运用来达到服务范围明晰化、服务质量目标化、服务方法规范化、服务过程程序化，从而获得优质服务的过程。2011年10月，国家标准化管理委员会将西城区列为行政服务标准化试点单位，2014年通过国家验收。西长安街街道义达里社区参与了行政服务标准化试点工作，并作为北京市唯一一家社区代表通过了国家行政服务标准的试点验收。目前街道建立了行政服务通用基础标准体系，并且制定了《服务业组织标准化工作指南》和《社区办事指南手册》。通过梳理归纳，社区林林总总的100多项服务事项被整合成40项公共服务的项目内容，此举在很大程度上解决了行政窗口服务流程不统一、服务内容不统一和服务事项不统一的问题，为推行一人多岗、一岗多能创造了条件。

（四）商业发展现代化

由于西长安街与金融街临近，近年来两个功能街区的发展出现了相互渗透的局面，西长安街对金融街的商业配套作用日益增强。为此，西城区提出要推进金融街与西单商业区融合发展。与此同时，随着国内商业整体转型升级的压力逐步加大，以及大型超级市场、新兴商业综合体、电子商务等带来的冲击，作为北京市的传统商业中心，西单的竞争优势持续减弱，再加上建设空间相对饱和，商业改造升级势在必行。西长安街街道充分发挥属地保障和优化发展环境的作用，积极推进功能街区发展，为西单商业区的现代化发展和产业升级提供了支撑。

1. 推动融合发展

按照《西城区“十二五”时期功能街区产业发展规划》，西单商业区定位为在与北京金融街融合发展的基础上，大力发展现代商业、休闲服务业、金融服务业、旅游业和其他综合服务业。按照北京金融街和西单商业区一体化发展的方向，完善西单综合服务业布局，引进具有国际水准的现代商业和服务业，加速西单商业街的现代化、国际化发展进程，使之成为具有时尚特色的现代商业和服务业聚集区。制定北京金融街和西单商业街一体化发展规划，实现功能互补和协同发展、融合发展。

2. 构建管理格局

功能街区发展模式的最终确立与西城区城市发展战略演变息息相关，始于1990年对“繁荣西单、发展西城”的战略研究。2000年，西城区以编制“十五”计划为契机，进一步深化了对区情特点的认识，针对客观上存在资源优势集中、特色突出、知名度高、发展前景好的六个街区（即金融街、阜景街、什刹海、德胜科技园、西单地区和西外地区），明确提出功能街区的概念，并划定“六大功能街区”作为全区发展的核心地区，配套了相应的指挥部式的建设体制和扶持政策。2010年，原西城区和宣武区合并为西城区，在“十二五”规划中，西城区首次将功能街区产业发展规划列为专项规划，确立了“十大功能街区”的总体布局，并明确提出北京金融街与西单商业街要融合发展。

为此，在管理体制上，形成了涵盖9个功能街区的“7+2”指挥部。西单商业区是按照市场规律发展起来的，因此形成了政府引导、市场主导，街道提供属地保障的管理格局。西长安街街道还设立了西单商业区管理办公室，主要承担西单地区城市管理、社会治安、交通安全、安全生产、环境综合整治、整顿经营秩序、监管文化活动等方面的日常管理监督、协调工作，调度商业区内公安、交通、工商、城管、环保等专业部门开展专项、日常工作。

3. 推进结构调整

西单商业区是西城区十大功能街区之一，也是广大消费者心目中商业经营的黄金地段，更是首都经济繁荣的象征。自1992年西城区提出实施“繁荣西单、发展西城”的战略之后，西单商业区得到了快速发展，西单商场、西单购物中心、汉光百货、君太百货、图书大厦、大悦城等商业和零售业的贡献较大，但随着产业结构调整和企业转型，近年来呈下滑趋势。据统计，2015年1~8月，西单商业区共有法人单位1010家，实现收入合计73.6亿元，批发和零售业实现收入37.4亿元。目前，西单商业区的产业结构由原来的中、低端向高端发展，交通环境更加优化，市政设施更加完善，城市景观更加亮丽，业态形式更加丰富，商业特色更加鲜明，已经形成集购物、旅游、商务、娱乐、休闲、住宿于一体的现代商业区。

（五）社区治理特色化

社区治理一直是西长安街街道工作的亮点。早在2011年，街道就立足于13个社区的人文环境、社会资源，推出了“一社一特”项目，包括太仆寺街社区的“居民议事厅”制度、和平门社区的“三联一响”流动人口管理机制、义达里社区的“平安社区”创建等，深挖服务内涵，整合社会资源，动员群众参与，创建精品社区，完善社区功能。近年来，“居民议事厅”制度已在所有社区得到推行。与此同时，街道圆满完成基层党组织换届选举工作，并积极探索社区工作体制改革，社区治理能力得到不断提升。

1. 完善社区民主自治制度

西长安街街道是较早探索居民议事厅制度的街道。早在 2006 年，街道就首次选择太仆寺、府南、西交民巷和六部口四个社区试行居民议事厅制度，此后这项制度覆盖到街道的全部社区。所谓议事厅，就是搭建一个居民参与社区公共事务的平台，构建民主参与的渠道和方式，是社区民主自治制度的重要探索。在这个平台上，凡是涉及社区居民切身利益的事都可以讨论，在社区事务、社区管理、社区决策中居民也可以反映诉求、商议讨论、出谋划策。目前，借助西城“全响应”系统和街道微信微博、客户端等社交平台，建立起了多种网上议事通道。居民议事厅制度在客观上起到协调利益、化解矛盾、排忧解难的作用，随着该制度的不断完善，议事规则和内容不断丰富，议事程序不断规范，民主渠道进一步拓宽，征集民意，沟通民情，确保了居民群众依法直接行使更多、更切实的民主权利，促进邻里和谐、社区和谐，增强了社区的自治功能，提高了社区的自治活力。

2. 制定社区考核评价体系

西长安街街道在全市社区工作相关管理制度的基础上，结合机关科室、社区的反馈意见，通过充分调研，创新性地制定了《西长安街街道社区考核评价体系》，在考核的时间上，由以往的一年一考调整为一季度一考，分别由街道机关科室、驻街道的科站队所、社区居民这三个层面对社区进行考核打分，通过排名排序及时查找工作中的不足、改善社区的工作方法、提高社区的服务能力。在考核的内容上，根据街道每年的重点工作和自上而下的工作部署，调整分值权重，注重对考核分值的分析，力求更好地贴近社区的实际工作，做到公平、公正、公开。

3. 探索社区工作体制改革

西长安街街道紧扣“创新社会治理体制”这条主线，充分发挥社区在动员居民参与、服务居民群众、协调利益关系和维护基层稳定等方面的组织主体作用。积极探索社区工作体制改革，强化社区建设主体的多元参与，提高社区自我治理能力。街道各社区在原有六大委员会的基础上，统筹整合建立了党群工作委员会、综合治理委员会、城市管理委员会和民生保障委员会。“四大委员会”是在社区党委的领导下，充分依托居民委员会，整合社区现有工作而形成的新型工作架构。委员会由社区工作者主导负责，鼓励并吸纳社区单位代表、社会组织负责人、居民代表担任委员。“四大委员会”通过试运行，充分调动社会资源，通过“收集采纳、商议研判、统筹协调、监督反馈”等工作环节破解社会治理难题，提高居民、社区单位在社区事务中的“话语权”和“监督权”，促进社区共建共享。通过一段时间的运行，之前遗留的一些老旧的难题，在很大程度上得到了有效的解决。

（六）基层党建科学化

2014 年以来，西长安街街道深入学习贯彻中央全会和习近平总书记系列重要讲话精神，加强党员干部思想理论武装，加强基层服务型党组织建设，加强党员干部队伍建设，增强基层党组织的生机活力，不断提升党建工作科学化水平。

1. 加强党员干部思想理论武装，创建学习型组织

西长安街街道坚持把党员的思想政治工作放在首位，严格落实理论学习制度，组织党员干部深入学习贯彻党的十八大精神、十八届三中全会和四中全会精神、习近平总书记系列讲话精神，按照区委的统一部署，践行党的群众路线教育实践活动和“三严三实”专题学习活动。一是抓好教育实践活动的整改落实和专项整治，巩固和拓展教育实践活动成果，推进作风建设。特别是以处级领导班子和党员领导

干部为重点，坚持问题导向、突出作风建设、贯彻整风精神，认真梳理现有问题，切实整改党员干部作风。二是深入开展“三严三实”专题学习活动，成立“三严三实”专题教育工作领导小组，精心谋划，严密组织，扎实推进专题教育稳步有效开展。三是街道宣传部和有关科室积极联动，联合成立了推进学习型党组织建设的协调机构，作为增强党员干部学习意识、丰富学习教育的载体，并举办以十八大和新党章内容为主的党务知识竞赛等活动，检验理论学习效果。

2. 加强基层服务型党组织建设，紧密联系群众

西长安街街道充分发挥基层党组织和党员的模范带头作用，积极开展基层服务型党组织试点工作，建立健全党员联系群众长效机制。一是按照西城区委组织部要求，西长安街街道研究制定《西长安街街道关于加强基层服务型党组织建设的实施方案》，以西交民巷社区作为基层服务型党组织试点，在社区建立党代表工作室，发挥党代表收集民情、反映民意的重要作用。创新服务载体，搭建服务平台，深化结对帮扶和党内帮扶制度，将基层党组织的工作重心转到服务改革、服务发展、服务民生、服务群众、服务党员等方面。二是研究制定《西长安街街道工委关于建立机关党员联系和服务困难群众工作实施方案》，开展街道机关党员与辖区困难家庭结对子活动，党员定期深入群众家中了解需求，帮助解决实际困难。按照区“践为民宗旨、兴务实之风、促社区和谐”实践活动安排部署，带领挂职干部深入居民家中，切实承担起“六大员”的职责。

3. 加强党员干部队伍建设，做好人才保障

西长安街街道以基层党组织换届选举为契机，着力加强新一届社区党委班子建设。2015 年 5 月，街道 13 个社区的换届选举工作全部完成，共选举出党委委员 91 人，平均年龄 52 岁，委员的本地化比例达到了 53%。换届选举工作完成后，通过举办社区书记、副书记、党务专职工作者培训班，加深对街道工作、社区建设以及社会服务管

理创新工作等的认识与理解，既能把思想和行动统一到上级的决策部署上来，也能立足街情、社情和民意，探索更有效的工作方法和服务群众举措，增强社区书记及社工的履职能力，提升基层党务工作者的综合素质。与此同时，街道十分关心党员干部的成长。一是加强挂职干部管理服务工作。对市区下派挂职、异地交流挂职干部，坚持根据挂职干部专业特点和工作需要，对口安排挂任职务，明确分工，便于工作的开展与协调。积极组织挂职干部培训，让挂职干部参与社区党建工作，并由所在社区的党员、居民进行民主评议，使他们成为党员、群众认可的好干部。二是加强困难党员帮扶工作。继续做好机关在职党员与地区困难党员的结对帮扶活动，做好“七一”共产党员重温入党誓词活动，做好西城区共产党员献爱心活动。西长安街街道工委、各社区党委经常走访维稳离退休老党员，对遭遇重大疾病、生活特别困难的党员，从街道设立的“党员爱心基金”中拨款，帮扶其渡过难关。三是加强机关干部调整和轮岗工作。坚持德才兼备、以德为先的用人标准，全面准确贯彻民主、公开、竞争、择优的选人用人方针，从利于事业发展、利于队伍建设、利于干部成长的角度统筹考虑，选拔任用干部。通过选拔任用，进一步激发了干部的工作积极性、事业心和责任感；通过交流调整，进一步丰富了干部的任职经历，达到了历练干部的目的。

三　强化担当意识，以首善标准进一步提高治理能力和服务保障水平

按照国际一流的标准，用和谐、宜居两把尺子审视西长安街街道的发展，需要不断充实首善标准的新内涵，在巩固已有“六化”成果的基础上，着力抓住四个根本性问题，做好十项工作，推动地区治理能力和服务保障水平再上新台阶。

（一）把握四大机遇

当前，中国城市已经进入经济增长动力转换和发展方式转变的全面转型时期，在五大发展理念的指引下，城市治理的方向和路径更加清晰。结合西长安街街道实际，主要有四个方面的机遇。

1. 全面深化改革带来的机遇

发展中的问题，必须通过改革的方式来解决。十八届三中全会以来，从中央到地方，一些重点领域的改革方案陆续推出。西城区在全面深化改革的过程中，坚持首都意识、首善标准、首创精神，结合西城实际，以问题为导向，主动作为，积极探索，敢于争先，在重点领域和关键环节推出了一系列改革举措，为推进城市发展方式转变、提高城市治理水平提供了有力支撑。特别是在街道体制、城市管理体制和社会管理体制与环境建设等领域的改革对街道的发展和创新实践保驾护航，为更大尺度、更深层次破解发展中的难点问题创造了机遇。

2. 强化首都核心功能带来的机遇

2014 年初，习近平总书记对北京工作作出重要指示，强调要坚持和强化首都核心功能，深入实施人文北京、科技北京、绿色北京战略，调整和弱化不适宜首都的功能。西长安街街道地处首都功能核心区的中心地带，区域内的中南海、人民大会堂、国家大剧院、西单图书城具有重要的功能，理所当然要在坚持和强化首都核心功能、调整和弱化不适宜首都的功能中主动作为、率先行动。

3. 西城区发展和管理转型带来的机遇

在“四个中心”首都城市战略定位、国际一流和谐宜居之都的新目标和京津冀协同发展的新战略背景下，中央城市工作会议提出要尊重城市发展规律、转变城市发展方式，作为首都功能核心区，西城区迎来城市发展和管理转型的难得机遇。西长安街街道地处国家政治中心的核心区，有责任也有条件在发展和管理转型中先行示范，理所当然应承担起打造核心区的示范区的重任。据介绍，“十三五”期间，北京市、西城区将在城市基础设施、棚户区改造、生活性服务业升级、环境建设等方面启动一批项目，加大投资力度，这为产业发展和城市管理转型升级带来了前所未有的机遇。

4. 推进“三金海”和谐宜居示范区建设的机遇

“十三五”时期，围绕如何提高城市宜居性、如何改善环境质量、如何改善居民的生活条件、如何保障公共服务的有效供给，西城区规划了许多惠民工程。在整顿市容环境和交通秩序方面，西城区提出要推进“三金海”和谐宜居示范区建设。所谓“三金海”地区，即西城区三里河、金融街、中南海一带。据介绍，未来五年，西城区将在23平方公里的范围内，打造20个环境综合提升区域。其中重点加强对300余条胡同、3000余个环境脏乱点的治理，“点线面”共同发力，推进“三金海”示范区建设。同时，将同步推进相关区域的景观提升、环卫作业、配套设施建设等，到2020年，实现景观亮丽宜人、公共空间友好、市容整洁优美、风貌独具特色的城市空间目标。

（二）直面四大挑战

为实现建成和谐宜居示范区的目标，作为首都政治核心区，西长安街街道必须守住安全稳定这条底线，必须打好非首都功能疏解、棚户区改造和环境建设攻坚战。

1. 维护安全稳定和突发事件防治压力大

“西城无小事”。当前，群体上访事件、民族宗教群体突发性事件、个人极端暴力事件以及涉外等突发事件呈上升趋势。因西长安街地处核心地带，重大活动多、敏感部位多，这也造成了突发事件多、上访人员多等问题。再加上辖区内有众多的中央、部队驻京单位和市属单位，机构和人员情况复杂，流动人口多，一旦出现突发事件和公共安全问题，危害程度严重、调置难度大、社会影响大。因此，西长安街街道安全保障任务重、标准高，安全工作已经成为街道的首要责任。这对筑牢地区综治维稳基础、完善信访工作机制、加强防恐防暴工作提出了更高的要求。

2. 疏解非首都功能和人口规模调控压力大

疏解非首都功能和调控人口规模是西城区“十三五”期间必须打赢的攻坚战，这是在建设国际一流的和谐宜居之都中走在前列的先决条件。西长安街街道严格执行西城区禁限目录，有序疏解非首都功能。涉及西单商圈产业结构升级和市场腾退、老旧平房区生活服务业品质提升、“七小”业态综合整治、“五小”摊点退路进店等疏解任务，需要在疏解中统筹好人口控制和可持续发展的问题。人口规模调控既涉及流动人口也涉及常住人口，既要解决好流动人口管理的问题也要解决好人户分离的问题，特别是要处理好产业集聚人口和控制人口的矛盾。此外，人口输入输出利益平衡问题未彻底解决。核心城区的项目大多需要异地跨区安置居民，北京市出台了区域间转移支付标准，并且市财政给予一定支持，但每平方米 2000 ~ 2500 元的补偿标准对人口输出区的财政压力较大。而受人口规模控制、教育医疗等资源配套、公共管理、社会服务、土地收益损失等因素影响，输入区压力很大。

3. 老旧平房区治理和棚户区改造压力大

西长安街街道是老百姓的聚居区，区域内有 1 万多间老旧平房，大部分建于 20 世纪二三十年代，无论在公建配套设施规划设计、建设标准方面，还是在治理模式、运作机制方面，都与居民日益增长的居住需求有较大差距。比如，水电气热管线等设施设备老化，消防设备不足；公共服务配套设施匮乏，活动场所相对狭小；公共绿地缺失；停车设施严重不足等问题普遍存在。从腾退和棚改的角度来看，老旧平房拆迁区位于首都心脏地带，房屋产权主体组成复杂、居住主体构成复杂，被腾退居民、单位期望值高，历史遗留问题较多。首先是资金问题。地区项目多是历史遗留的“硬骨头”，拆迁量大，缺少资金平衡。有些项目位于文保区，按风貌保护要求，只能协商腾退和进行房屋修缮，项目资金大，回收周期长。其次是安置成本居高不下。据测算，中心城区平均每户的拆迁和征收成本达200万～300万元，原地回迁，安置房一般是原房屋面积的1.5倍，异地安置一般是5倍左右。这给老旧平房的拆迁和棚户区改造增加了难度。

4. 城市管理和环境治理压力大

围绕城市管理和环境治理，西城区于2014年梳理出了40个“城市病”问题，其中既有建设类、管理类、执法类问题，也有环境秩序类、资源政策类问题，涉及城管、公安、市政市容委、环境办、住建委、街道等部门。这些问题基本上都是城市管理中普遍存在的“老大难”问题。经过相关部门协同作战、强力推进，类似群租房、违法游商、露天烧烤、违法违规集贸市场、开墙打洞、架空线、私装地锁等问题已经得到了明显的改善，但碍于体制原因、制度缺陷和历史原因，如宠物管理、违法建设、公房出租、违法小广告等问题并不能彻底根除，需要在不断深化改革中逐步探索解决之道。特别是“三金海”和谐宜居示范区建设对西长安街街道的城市管理和环境建设工作提出了更高的要求，提升城市管理和环境建设水平任重而道远。

（三）抓住四个根本

“红墙意识”是西长安街街道最高的政治要求和最重的责任担当，要用“红墙意识”来重新认识街道工作，最根本性的认识体现在四个“第一”。

1. 服务是第一职责

西长安街街道要牢牢抓住“四个服务”第一职责，始终坚持以首善标准落实“四个服务”职责要求，紧密结合新形势、新目标和区域发展的新要求、新任务，不断拓宽“四个服务”的新内涵、新领域，为中央党政军首脑机关正常开展工作服务、为日益扩大的国际交往服务、为国家科技创新和文化发展服务、为市民的工作和生活服务，创新服务理念、创新服务手段，加强精细管理、精准服务，在管理力度、管理频度和管理维度上更加精细，在服务需求、服务项目、服务措施上更加精准。

2. 稳定是第一责任

西长安街街道要牢牢抓住稳定第一责任，始终牢固树立“安全无小事”“西长安街无小事”意识，坚持下先手棋、打主动仗，以重点时间、重点部位、重点问题和重大活动为综合整治目标，进一步健全立体化社会防控体系，高度重视食品安全、医药安全、信息安全、消防安全、交通安全、生产安全、生态安全、网络安全等公共安全问题，求真务实地抓好稳定工作，有效识别社会风险并化解社会矛盾，推动“平安西城”建设。

3. 发展是第一要务

西长安街街道要牢牢抓住发展第一要务，深刻认识落实首都战略定位以及建设和谐宜居示范区的要求，深刻认识经济发展新常态以及动力转换新阶段的逻辑，深刻认识人口资源环境发展不均衡以及环境承载力超限的现实，着力破解地区发展难题，全力提升服务效能、管理水准和环境品质，努力在疏解非首都功能、调控人口规模、破解“城市病”等方面发挥好示范和表率作用。

4. 民生是第一情怀

西长安街街道要牢牢抓住民生第一情怀。解决民生问题是最大的政治，改善民生是最大的政绩，保障和改善民生是党和政府的神圣职责和终极目标。以让居民过上好日子为一切工作的出发点、落脚点，以示范区建设和棚户区改造为契机，以解决好人民最关心、最直接、最现实的利益问题为重点，以“三严三实”为标尺，在为民办实事上下功夫，切实改善居民生活环境和居住条件，进一步提升公共服务水平和区域环境品质，努力让群众得到更多实惠、让群众更加满意、让人民过上更好生活。

（四）聚焦十项任务

围绕服务、稳定、发展、民生四项根本性工作，结合西长安街街道的自身特点、发展基础、工作要求，在不断巩固亮点工作和特色品牌的基础上，要全力促进十项任务的完成。

1. 全力维护区域和谐稳定

进一步探索社区综合治理委员会工作机制，健全工作体系，完善联动机制，加强跟踪分析，总结实践经验，为社区维稳工作提供可复制的经验。以街道“全响应”平台为依托，围绕地区“人、地、物、事和组织”和重大节日、重大活动，完善社区一院、一图、一表、一册的基础台账工作，不断探索地区维稳工作的特点和规律。坚持条块结合、上下联动、关口前移、群防群控，着力排查和化解各类社会矛盾，形成新形势下的信访工作格局，畅通诉求渠道，完善信访机制，化解矛盾于萌芽，形成信访流程和民生保障的闭环系统。落实领导干部接访、重大和疑难信访案件领导包案、重大项目社会稳定风险评估机制等措施，持续抓好社区治安志愿者队伍建设，发挥好地区安保的维稳专业力量作用。继续巩固深化“平安街道”“平安社区”“平安院落”“平安单位”已有建设成果，进一步加强地区流动人口管理，完成地区实有人口信息采集、整理工作。突出抓好重点地区以及地下空间、群租房、特种设备等领域的综合整治，建立健全突发事件应急机制，防止重特大事故发生，确保地区的安全稳定。

2. 全力推进非首都功能疏解

以“三金海”和谐宜居示范区建设为契机，加大西单文化广场撤市腾退，统筹完成西单天安天地珠宝市场腾退和民生银行进驻工作，统筹协调西单国立蒙藏学校改造开放。围绕重点工程建设，完善地区基础设施，精心建设百姓生活服务中心，提升地区生活性服务业水平。落实西城区新增产业的禁止和限制目录的要求，严格市场准入，调整地区产业结构。持续开展“七小”业态综合整治，争取提前完成有证照削减20%的目标，全面完成地区的“五小”摊点退路进店工作。

3. 全力抓好人口规模调控

紧紧围绕人口控制目标，以户籍人口转移和流动人口管理为重点，从四个方面发力推动常住人口规模调控，打好人口调控组合拳：一是以非首都功能有序、有效疏解带动常住人口疏解；二是以“批发和零售业”转型升级为重点加强“以业控人”；三是通过棚户区改造、规范出租房屋管理、“拆违打非”实现“以房管人”；四是以强化户籍迁入管理推动“以证控人”。同时，依托全响应网格化管理平台，实现现有人口动态管理，为降低人口密度、优化人口结构、控制人口规模提供基础保障。

4. 全力抓好“全响应”平台建设

树立大数据思维，整合城市管理、社会管理、公共服务、公安视频等共享交换数据项目，将各类服务和管理资源分层级进行整合，建立社会服务、行政服务、城市管理、社会管理、应急处置“五位一体”指挥中心，着力构建以需求为导向，以服务为核心，以街道统筹辖区发展为重点，以公众参与为基础，以数字化手段为支撑，多元主体积极响应社会需求的“全响应”工作体系。完善街道“全响应”工作机制，加强街道“全响应”指挥分中心与区级“全响应”指挥中心的有效衔接，按照细化网格、精准管理的要求和“基础力量一员一格、专业力量一员多格、响应力量一格多员”的标准，强化街道社会服务管理网格建设，合理配备人员力量。建立健全地区社会建设发展形势定期分析机制，推动信息互联互通，扎实形成地区全覆盖、快响应的工作网络。依托“全响应”指挥分中心系统，提高为民服务水平，创建街道指挥分中心协同平台，高效处理公文流转和整合工作信息，提高政务电子办公效率。围绕地区生产安全、消防安全、交通安全、食品安全、药品安全等方面的组织、协调、宣传、教育、检查等工作，积极推进指挥平台联合执勤模式。开发红墙 APP，利用 PDA 等信息化设备，建立应急值守和非紧急救助长效机制，不断提高“网格化管理，组团式服务”工作的科学化水平。

5. 全力推进城市精细化管理

针对地区中央单位多、老旧平房多的特点，以“灭脏、清障、治污、拆违、撤市、治乱、缓堵”为抓手，打好城市管理攻坚战；以解决小胡同、小环境、小秩序问题为抓手，打好城市环境治理的持久战，着力打造一批精品胡同、精品院落、精品单元楼。加强机制创新，大力提升城市管理效能，按照“大城管”理念完善会商机制，强化街区统筹，完善上报、派发处置、人员考核的事件处置闭环工作机制。强化责任落实，完善街道、社区的扁平化管理机制，减少环境问题处置中的中间环节，强化问题处置及门前三包。整合区域资源力量，探索非直管公房危房解危改造处置机制、平房区物业管理服务模式。深入开展市容、交通、市场、旅游秩序专项整治，加强街巷胡同、学校周边、集贸市场和老旧小区环境综合整治，着力解决违规经营、黑车黑导、乱停乱放、环境脏乱等痼疾顽症。积极配合相关部门重点做好北新华街市政道路征收拆迁项目，结合中南海周边和国家大剧院西侧文保区景观提升工程，着力完善重点地区城市管理常态工作机制。

6. 全力提升老旧平房区治理与服务水平

以居民自治为核心，以解决突出问题为重点，创新体制机制、方式方法，积极动员社会协同、公众参与，完善社区治理结构，推动老旧平房区治理和服务向规范化、社会化、精细化发展。继续探索平房区和老旧小区管理模式，坚持胡同环境整治与管理机制两手抓、两促进，持续推进精品胡同建设，将城市环境精品建设向平房院、楼宇单元和居民家中延伸，建设精品院落和精品单元。因地制宜地探索研究胡同管理的新机制，进一步完善街道主导、企业参与、居民自治的准物业管理模式和以居民公约、志愿服务为主导的胡同自治管理模式。

7. 全力推动西单商业区转型升级

紧紧围绕“依托著名商街品牌，重标准提高；依托核心区域特点，强机制建设；依托科技试点项目，创西单影响；依托商业发展方向，促品位提升”的工作思路，强力打造“智慧西单”，促进地区产业结构优化升级。加强“西单时尚节”服务保障工作，注重发挥好“西单商业区人员密集场所预警系统”的科技支撑作用，充分发挥西单商会的行业协会作用，为西单商家提供优质服务，继续完善西单非机动管理模式，建设西单地标性建筑，有效提升“中国著名商业街”在国内外的知名度和影响力。

8. 全力推进社区治理

进一步完善社区考核评价体系，完善社区考核评价标准，搭建框架，与街道全响应平台对接，通过手机 APP 实现居民实时、直接考核社区的评价机制。进一步拓宽居民参与社区建设渠道，发挥好“居民议事厅”在居民参与协商中的平台作用，探索有偿式居民提案参与社区建设的模式。进一步发挥社区“四大委员会”的作用，整合资源、整合力量，提升居民和社区单位的话语权，逐步理顺社区工作体制。进一步加大社会组织扶持力度，重点建设和扶持创客交流平台、红墙义工联社等区域性社会组织品牌。进一步加快为民服务阵地的建设，在现有的长安幸福家园、日间照料中心和党群活动中心等服务阵地的基础上，加快银轩敬老院和街道市民中心的建设。

9. 全力推进棚户区改造

全力推进国家大剧院西侧棚户区改造工作。坚持自愿腾退、整院疏解的原则，坚持以人为本、攻坚克难，创新思路，做好群众工作，结合棚户区改造，做好常住人口服务和管理工作，同时规划和利用好公共空间，完善居住功能及其生活服务业配套，完善大剧院文化功能及其商业配套，在切实改善群众居住和生活条件的同时，进一步提升区域环境品质。

10. 全面加强党的组织建设

加强学习型党组织建设，把学习贯彻和组织宣传习近平总书记讲话精神、党中央国务院最新理论和政策作为首要任务，不断提高党员干部的学习能力和理论水平。持续抓好教育实践活动和“三严三实”专题教育整改，按照确定的整改时限，逐条逐项抓好整改落实。深化基层服务型党组织建设，狠抓社区党委班子和机关党支部班子自身建设，扩建一批党建服务阵地，打造一批党建创新项目，丰富一批党建服务内容，培训一批党建服务人才，以党建促进各项工作有效开展，提升服务效能。坚持党风廉政建设常抓不懈，强化党委主体责任和纪委监督责任的落实，深入学习贯彻落实“两个条例”，按照不降低标准、不省略程序的原则，严格执行街道各项规章制度，充分做好社会主义核心价值观的宣传教育工作。

四　地区治理中的突出问题和思考

（一）关于拆迁维稳工作

随着非首都功能疏解、棚户区改造、老旧平房区改造、文物腾退保护、道路建设等工作的开展，征地、拆迁不可避免。而拆迁问题是引发社会矛盾和群体性事件的重要原因。作为从源头预防和减少社会矛盾的重要制度，北京市维稳办出台了《关于建立重大事项社会稳定风险评估机制的实施办法》，并建立了市、区、街道（乡镇）三级重大决策社会稳定风险评估机制体系。因此，应深入推进基于征地拆迁的社会稳定风险评估工作，具体建议如下。

一是市级层面应进一步完善社会稳定风险评估相关制度，对拆迁风险进行科学评估，从依法合规的角度规范征地拆迁行为，做到于法有据。

二是市、区两级要进一步规范征地拆迁行为，解决好补偿标准不统一、行政行为不规范的问题。

三是街道层面应积极推进重大事项社会稳定风险评估工作，争取社会稳定风险评估制度改革试点。

（二）关于人口规模控制

西城区提出力争 2020 年将常住人口规模控制在 110.7 万人以内，据有关专家预测，考虑到“政策性”的人口迁入及生育政策调整因素，未来五年，西城区人口依然呈刚性增长，在此情况下，至少要减少 19.5 万人口，而这个数字要通过各街道来消化。一般而言，非首都功能疏解、棚户区改造、以房管人、以证管人、以业控人是人口控制的主要手段。但西城区人户分离现象比较严重，其中，西长安街街道占到一半以上。而棚户区改造和入学政策的改变导致入户人口增加，为此建议如下。

一是从国家层面，对人口调控进行顶层设计，完善人口迁入审批制度。

二是从北京层面，加快优质教育和医疗资源向房源地疏解，以促进常住人口向房源地转移。

三是从区级层面，加强对人户分离的研究，以解决户籍人口中非常住人口部分因教育、棚改而回流户籍地的问题。

四是从街道层面，探索运用大数据和物联网等新技术手段，创新流动人口的登记、管理、监测的方法和模式，做到统计数据科学准确。

（三）关于老旧平房区治理

西城区房管部门的房屋普查数据显示，西长安街街道是辖区范围内住宅建筑面积占房屋总建筑面积比例最低的街道，约为 25%，其中平房区约占到住宅建筑面积的 23%。据推测，西长安街街道的人均居住面积不足 20 平方米，离全面小康社会 30 平方米的标准还有很大差距。另外，平房区中有上万间属老旧平房，这些地区市政设施老化、公共服务配套设施匮乏、公共绿地缺失、房屋产权关系复杂、历史遗留问题多，与此同时，居民改善住房的需求十分迫切。如何在 2020 年前实现全面建成小康社会的人均居住面积、公园绿地、公共文化服务设施、养老服务等相关指标，是街道必须补齐的短板，为此建议如下。

一是将街道平房区，特别是老旧平房区的腾退和疏解工作，以及公共绿地、公共服务设施等短板指标纳入“三金海”示范区建设中统一规划、统筹推进。

二是加大全市对安置房源和疏解资金的统筹力度。

（四）关于西单商业区发展

西单是北京三大商业中心中唯一不是步行街的商业区，并且西单大街是西城区南北主要交通干道之一，公共交通密集，人流量大，优点是交通便利，缺点是过境交通和购物消费者混杂，这势必造成巨大的承载压力。相对步行街来说，西单大街存在商业环境混乱拥挤、停车资源不足等问题，这制约了商业的发展。西城区提出了金融街、西单商业区一体化发展的转型思路，以及西单商业区的产业定位。在疏解非首都功能和控制人口规模的形势下，必须重新审视西单商业区的定位、推动产业转型升级，为此建议如下。

一是在“三金海”示范区建设的框架下，加快制定北京金融街和西单商业街一体化发展规划，明确发展定位，实现功能互补和协同发展。重点解决内部交通、一体化停车系统、综合服务配套、打通关键通道和节点等关键问题，完成两区域的融合发展。

二是建立和完善金融街与西单融合发展的管理体制。

（五）关于社会组织培育

街道作为城市治理体系的基层部门，一方面要加快职能转变，进一步简政放权，加大政府购买公共服务的力度；另一方面要激发社会活力，将适合由社会组织提供的公共服务和适合由社会组织解决的事项交由社会组织承担。当前，街道的社会组织存在数量少、质量低、发展不平衡、专业性社会组织力量不足的情况，且许多社会组织不具备承接政府购买服务的条件和能力，为此，建议如下。

一是建立区街社会组织服务体系，孵化和培育专业社会组织。以政府购买岗位的形式，在区级层面设立西城区社会组织服务中心，在街道层面设立社区协会。政府通过社会组织服务中心向社会组织购买服务，政府主要负责考核、监督。

二是培育专业社会组织，重点发展有大量专业需求的养老、教育、医疗等领域。

三是健全政府购买社会组织服务的制度、流程、配套政策，真正使社会组织在社会治理中发挥主体作用。强化三方评估作用，建立健全三方评估体系。建立被购买服务对象的指标体系。设置购买服务合同规范及其纠纷解决机制。

参考文献

李媛媛：《深化“红墙”意识打造“京城第一街道”品牌——以北京市西城区西长安街街道为例》，《成人教育》2013 年第 4 期。

乔雪峰、苏民：《党旗高扬在“京城第一街道”》，《经济日报》2012 年 9 月 15 日。

《西城区西长安街街道“5S”精益服务体系提升居民幸福感 交上一份让群众满意的答卷——盘点我区党的群众路线教育实践活动八大成效》，《北京西城报》2014 年 10 月 22 日。

《探索计生服务新模式，构建生命全周期公共服务体系——北京市西城区“长安幸福家园”工作纪实》，《人口与计划生育》2014 年第 9 期。

北京市西城区综合行政服务中心：《北京西城区试点行政服务标准化建设》，《中国行政管理》2014 年第 2 期。

王海燕：《西城西长安街街道试行居民议事厅制度》，《北京日报》2007 年 1 月 5 日。

张海涛、于志强：《北京西城区长走进社区与百姓畅谈“十三五”》，http://bj.people.com.cn/n2/2016/0303/c82838-27859295.html，2016。

国务院法制办：《北京市规划委出台重大项目社会稳定风险评估办法并积极推进试点工作》，2011。

西长安街街道办事处：《西长安街街道制度汇编》，2010。

西长安街街道办事处：《西长安街街道“十二五”时期人才发展规划》，2010。

西长安街街道办事处：《西长安街街道年度大事记（1994～2014）》，2015。

西城区统计局、西城区经济社会调查队：《西城区特色功能区经济社会发展解析（2015 年 1～8 月）》，2015。

数据报告

Data Reports

B.2
西长安街街道基于工作人口的地区公共服务问卷调查报告

摘　要：为全面了解街道公共服务水平，西长安街街道针对辖区的驻区单位工作人员随机进行了街道公共服务需求问卷调查，主要从社区服务机构认知度、社区服务参与度、地区生活便利度、社区公共服务满意度和社区公共服务需求度五个方面着手展开调查，通过对反馈问卷的统计数据做横向对比、纵向对比及频数分析等，真实了解西长安街街道公共服务现状、趋势及诉求，为整体提升西长安街街道公共服务体系做好数据支撑及对策建议。

关键词：西长安街街道　公共服务　工作人口　需求满意度

街道公共服务在城市经济体制改革、社会体制转轨等进程中承担了相当部分的社会责任，从而加速了改革的进程。为了解西长安街街道的公共服务现状、趋势及居民诉求，提高街道公共服务水平，特开展此次问卷调查。本报告所涉及的调查对象是西长安街街道驻区单位的工作人员。调查进行时间为 2015 年 1 月。因调研工作需要，在街道 13 个社区的基础上，特别划分出西单商业街、西长安街社区、西四社区 3 个单元，每个社区单元 20 份问卷，16 个社区单元共发放问卷 320 份，回收 222 份，其中有效问卷 218 份，有效回收率为 68.1%。

一　调查样本情况

调查对象中，男女比例约为 1.22∶1；年龄在 26～35 岁及 36～45 岁的所占比重最大；职业分布以公务员为主；户籍以本市户籍为主，其中本区户籍占比较高；教育程度为大专或本科的人群所占比例最高；家庭组成结构方面，三口之家所占比例最高。

从家庭人均月收入来看，14 人的家庭人均月收入低于 1560 元；家庭人均月收入在 5000～10000 元的被调查居民数量最多。

表 1　调查样本基本情况统计

单位：人

<table>
<tr><td rowspan="2">性别</td><td colspan="3">男</td><td colspan="3">女</td></tr>
<tr><td colspan="3">118</td><td colspan="3">96</td></tr>
<tr><td rowspan="2">年龄</td><td>25 岁以下</td><td>26～35 岁</td><td>36～45 岁</td><td>46～55 岁</td><td>56～65 岁</td><td>65 岁以上</td></tr>
<tr><td>29</td><td>96</td><td>54</td><td>30</td><td>7</td><td>1</td></tr>
<tr><td rowspan="2">户籍</td><td>本市户籍</td><td>本区户籍</td><td>居住证</td><td>暂住证</td><td>居住半年以上但未办理居住证</td><td>外籍</td></tr>
<tr><td>122</td><td>52</td><td>5</td><td>31</td><td>5</td><td>1</td></tr>
</table>

续表

职业	公司白领	机关事业单位职工	公务员	其他		
	48	58	59	37		
学历	硕士及以上	大专或本科	高中或中专			
	27	140	44			
家庭人数	四口以上	四口	三口	二口	一口	
	20	31	109	30	20	
家庭人均月收入	1560 元以下	1560～3400 元	3400～5000 元	5000～10000 元	10000～20000 元	20000 元以上
	14	44	54	72	26	2
本社区居住时间	三年以上		一年到三年		一年以下	
	128		48		24	

注：回收问卷中，全部题目漏答率在 15% 及以下，判定为有效问卷。由于题目漏答，表中对各属性的汇总统计数存在不一致并且小于有效问卷的情况，下同。

二 社区服务机构认知度

（一）街道办事处认知度：59.3%的人表示“知道”

对于西长安街街道办事处，受访者的认知度较高，59.3% 的受访者表示“知道”街道办事处地址，21.8% 的受访者表示“知道大体位置，但没去过”，还有 19.0% 的受访者表示“不知道”（见图 1）。

（二）社区居委会认知度：67.6%的人表示“知道办公地点”

调查显示，受访者对社区居委会的认知度要略高于街道办事处，表示“知道办公地点”的受访者占比高达 67.6%。对于居委会较详细的内容的认知度方面，表示“了解服务项目”的受访者占比为 51.9%，表示“知道领导姓名”的受访者占 17.6%，表示“参加过

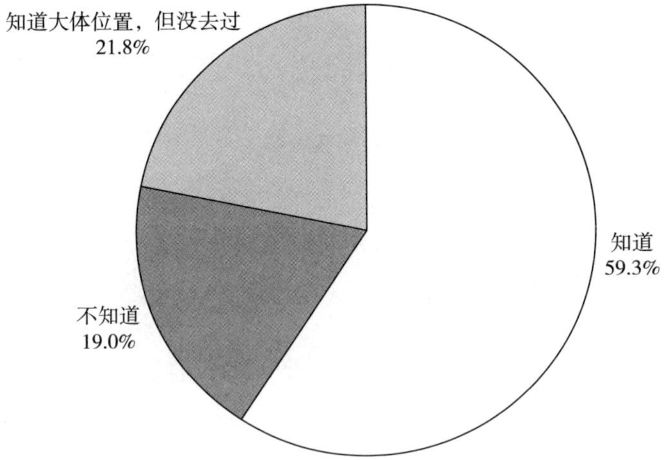

图1　西长安街街道办事处认知度

活动”的受访者人数占比为25.9%。此外，还有17.6%的受访者对以上情况都不知道（见图2）。

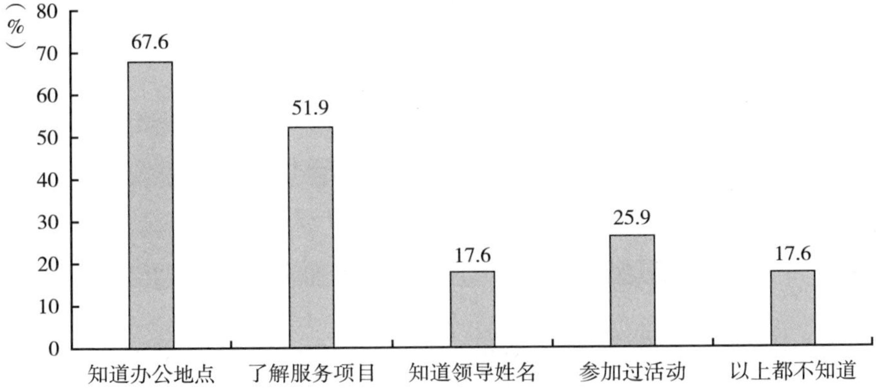

图2　西长安街街道社区居委会认知度

（三）社区认同度：67%的人表示会以社区为荣

调查问卷以“您会以您单位所在的这个社区为荣并经常向朋友或亲人提起和夸耀吗？”这一问题来了解被访者对社区的认同度。结果显示，27%的受访者表示“会”，40%的受访者表示“有时候会”，33%的受访者表示“不会”（见图3）。

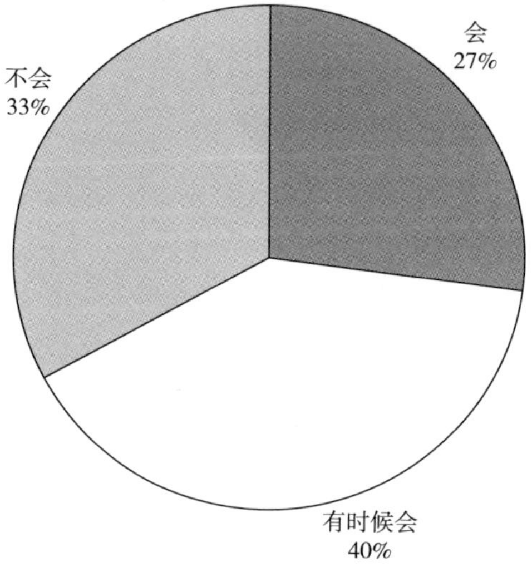

图3　西长安街街道社区认同度

三　社区服务参与度

（一）社区服务项目参与度：家政服务参与度最高

社区服务项目参与度是衡量社区服务项目水平的重要内容之一。调查显示，社区服务项目参与度方面，参与“家政服务”的受访者达27.7%，所占比例最高；其次是“法律服务”及“图书阅览”，受访者比例分别达26.3%和24.9%。受访者所有服务项目的参与度均未达到30%，但表示“都未参与”的受访者占比高达37.6%。由此可见，社区服务项目的提供者与驻区单位工作人员之间的接触仍存在很大的空间（见图4）。

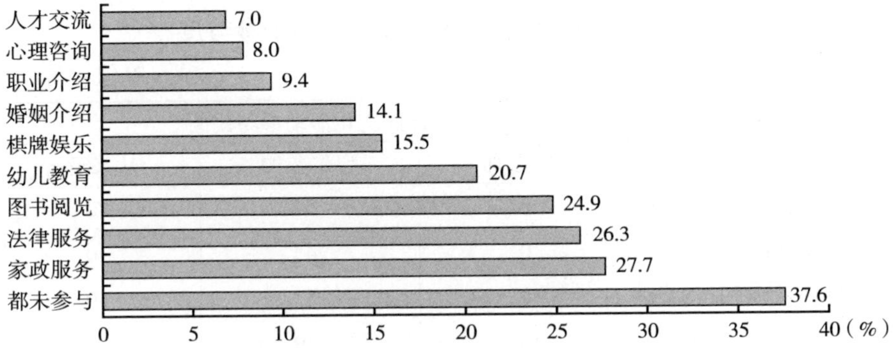

图4　西长安街街道社区服务项目参与度

（二）社区文化活动参与度：曾参与的占比达59.1%

西长安街街道社区文化活动参与度方面，13.9%的受访者表示“经常参加”，45.2%的受访者表示“偶尔参加”，还有40.9%的受访者表示“从来没有”（见图5）。其中，六部口社区、西四社区表示“经常参加”的受访者占比最高，分别达到37%和33%；而光明社区的参与度最低，其从来没有参加过社区文化活动的受访者占比为69%（见表2）。

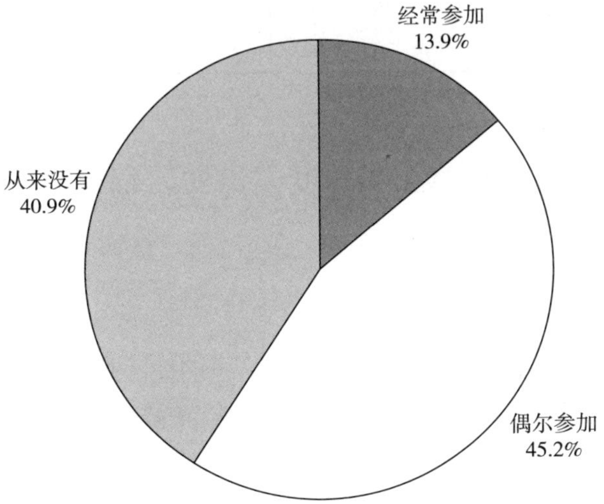

图5　西长安街街道社区文化活动参与度

表 2　西长安街各社区单元文化活动参与度

单位：%

社区	社区文化活动参与比例		
	经常参加	偶尔参加	从来没有
北新华街社区	0	54	0
南北长街社区	0	43	0
府右街南社区	7	53	40
光明社区	13	19	69
和平门社区	8	38	54
黄南社区	0	100	0
六部口社区	37	49	14
太仆寺街社区	17	50	33
未英社区	0	67	33
西单北社区	18	45	36
西单商业街	8	8	85
西交民巷社区	29	14	57
西长安街社区	0	50	50
义达里社区	0	75	25
钟声社区	14	57	29
西四社区	33	0	67

（三）社区公益事业参与度：治安、绿化、助老助残居前三位

社区公益事业参与度方面，参与“治安”的受访者占比达45.1%，所占比例最高。其次是参与“绿化”和“助老助残”的受访者，占比分别达40.0%和34.9%。除“APEC会议志愿者”（受访者占比达20.5%）、“文艺演出”（受访者占比达23.7%）外，其他社会公益事业的参与水平在30%以上（见图6）。

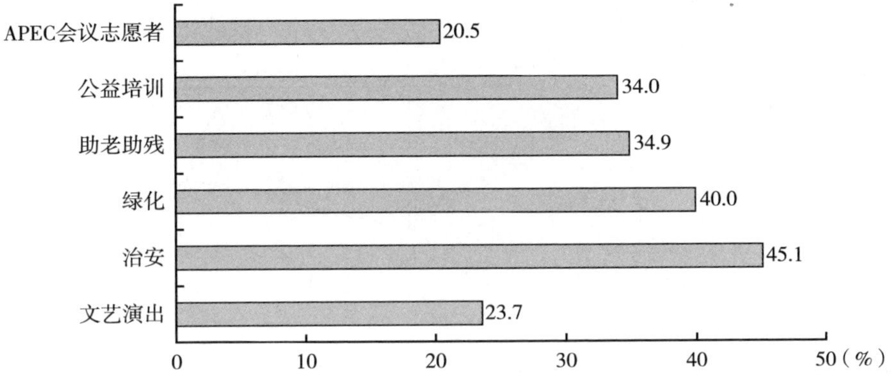

图6　西长安街街道社区公益事业参与度

四　地区生活便利度

（一）停车资源情况：16.7%的受访者认为停车条件很不好，影响工作

停车难是困扰西长安街街道的一个问题。对停车资源的调查结果显示，21.3%的受访者表示“很好，没有”，62.0%的受访者表示“不太好，但不影响工作”，还有16.7%的受访者表示“很不好，严重影响工作”（见图7）。其中，光明社区反映出来的问题最为突出，认为停车条件不好的受访者占比达到了25.0%（见图8）。

（二）交通便利度：59.1%的受访者从公交车或地铁下车后走到单位时间不超过10分钟

调查问卷对“最后一公里”换乘情况做了了解。其中，41.9%的受访者可以步行“5～10分钟”到达单位，有22.3%的受访者表示需要步行“15分钟以上”才能到达单位（见图9）。

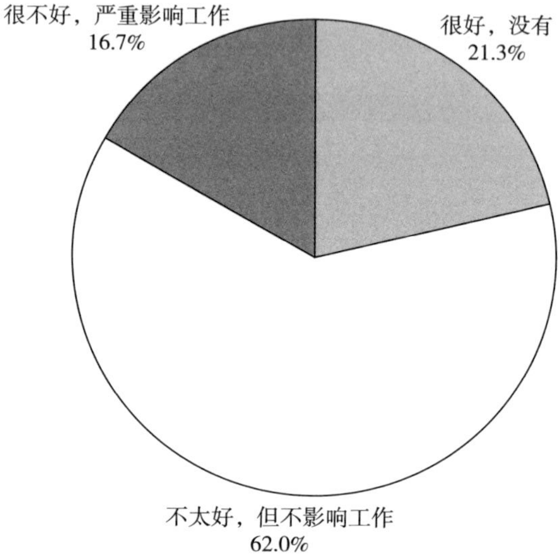

图 7　西长安街街道周围停车条件

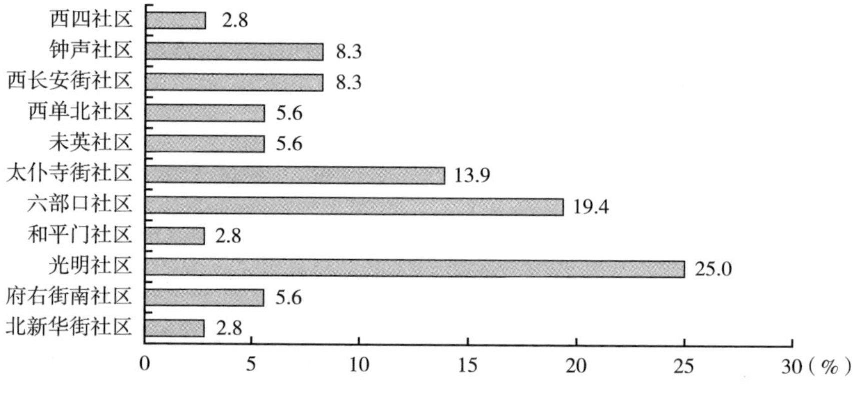

图 8　反映停车条件不好的样本社区分布情况

（三）早餐便利度：44.1%的受访者能较方便地找到正规早餐点

调查显示，西长安街街道早餐便利度方面，44.1%的受访者表示“稍有不便，多走几步能找到”，34.7%的受访者表示“有流动的摊

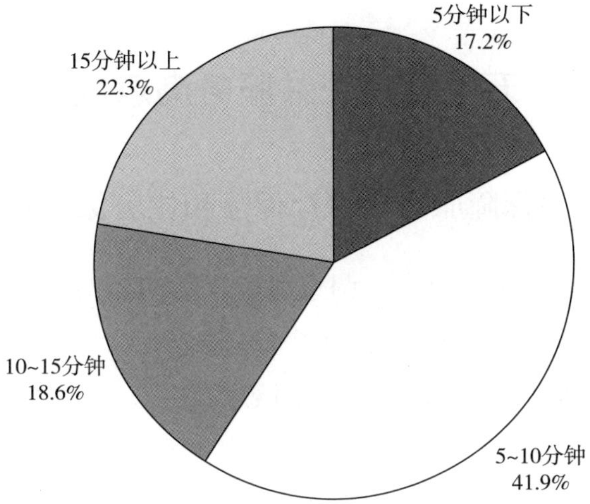

图9　西长安街街道的交通便利度

点，卫生难以保障”，5.2%的受访者表示“很不方便”。此外，还有16%的受访者认为“基本没有”相对正规的早餐点（见图10）。

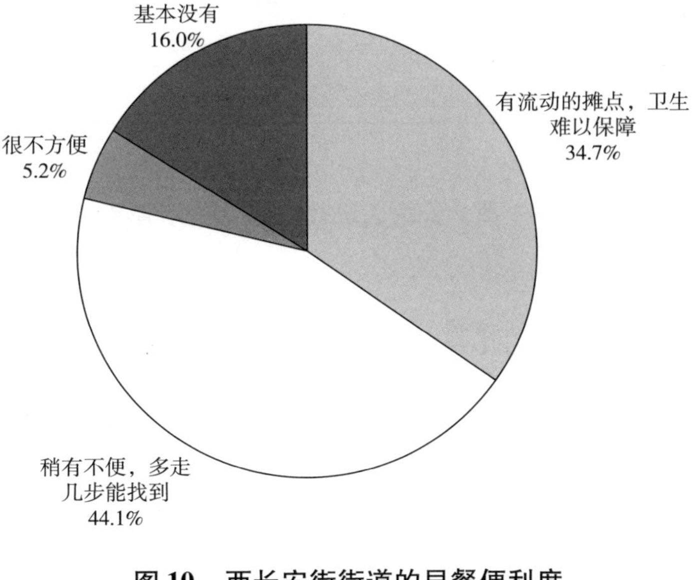

图10　西长安街街道的早餐便利度

五　社区公共服务满意度

（一）社会保障服务：医疗保险和住房保障满意度最高

对于社会保障服务项目，调查显示，受访者对医疗保险和住房保障的满意度较高，占比分别达到了52.3%和39.2%；紧随其后的是养老服务和就业服务，受访者的满意度占比分别达到了36.4%和30.7%（见图11）。

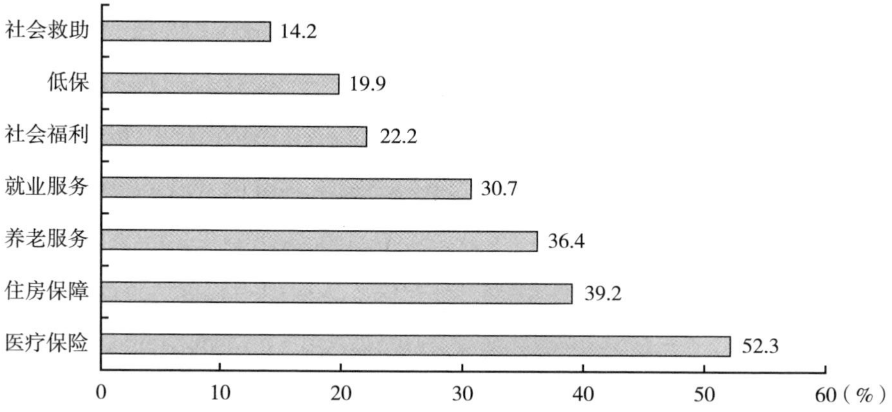

图11　西长安街街道社会保障服务情况

（二）医疗卫生服务：45.4%的受访者表示“就医方便”

关于医疗卫生服务的调查显示，受访者最为认可的是“就医方便”。45.4%的受访者认为西长安街街道的医疗卫生服务优势是“就医方便”，其次是“价格合理”，占比高达23.9%。此外，仅有5.9%的受访者表示“都不满意”（见图12）。

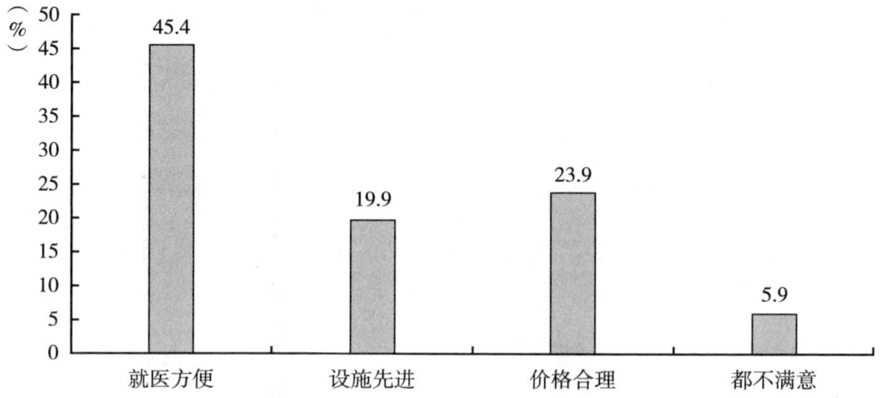

图 12　西长安街街道医疗卫生服务满意度

（三）公共安全：69.0%的受访者对社会治安表示满意

在公共安全方面，有 69.0% 的受访者表示对社会治安服务情况满意。除此之外，50.0% 的受访者表示对流动人口管理满意，51.0% 的受访者表示对突发事件处理满意，仅有 5.2% 的受访者对以上都不满意（见图 13）。

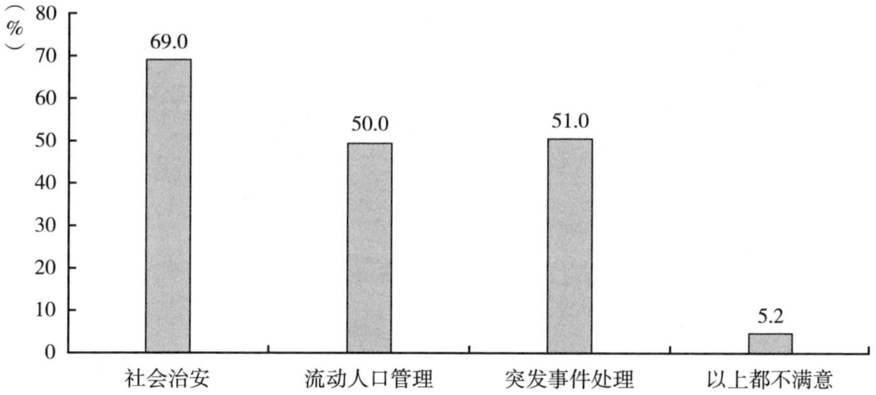

图 13　西长安街街道公共安全情况满意度

（四）城市管理：50.7%的受访者认为城市管理方面存在的主要问题是违章停车

在城市管理方面，调查显示，50.7%的受访者认为城市管理方面存在的主要问题是违章停车，38.5%的受访者认为是街巷保洁，认为是私搭乱建和绿化不够的受访者占比分别为36.6%和31.7%（见图14）。

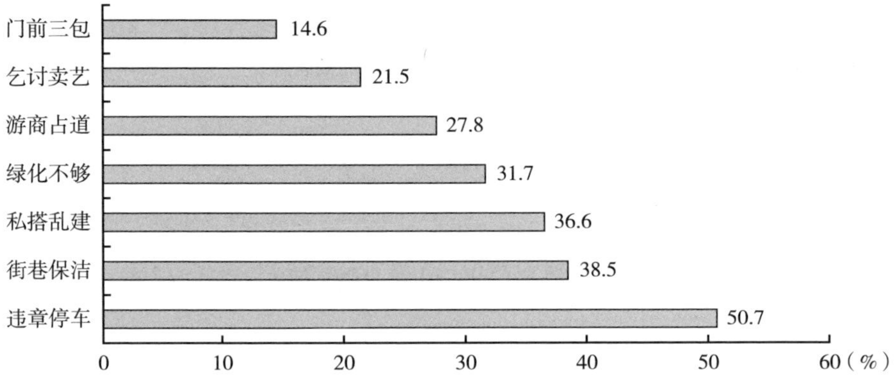

图14　西长安街街道城市管理情况

（五）市政公用事业：仅25%的受访者对城市规划布局满意

在市政公用事业方面，受访者对供水、供电等项目的满意度较高，其中，对供电满意的受访者占比达60.6%，50.0%的受访者对市容市貌满意。而与此相对应的是，仅有25.0%的受访者对城市规划布局满意。表示都不满意的受访者占比3.7%（见图15）。

（六）消防安全情况：58.8%的受访者认为防火设施很好，会安全逃生

在消防安全方面，调查显示，58.8%的受访者表示“防火设施很好，会安全逃生”，33.2%的受访者表示“防火设施一般，

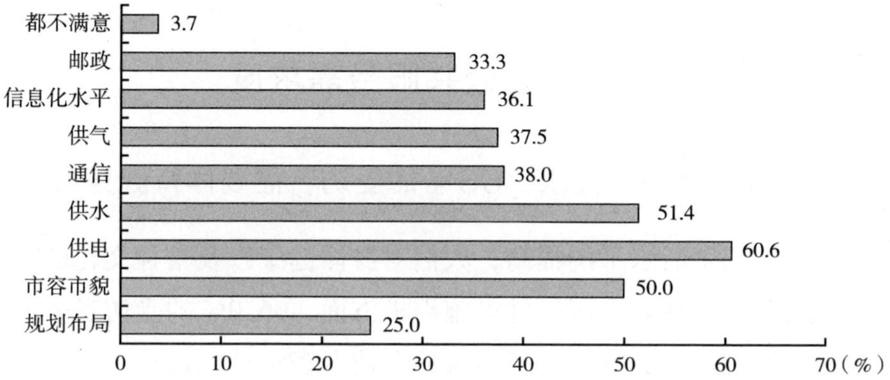

图 15　西长安街街道市政公用事业情况满意度

火势不太大的情况下可以逃生”。还有 8.1% 的受访者表示“防火设施不好，逃生机会不多”（见图 16）。进一步从社区分布来看，16 个社区单元中，认为“防火设施很好，会安全逃生”的受访者占比排名最靠前的社区是太仆寺街社区。

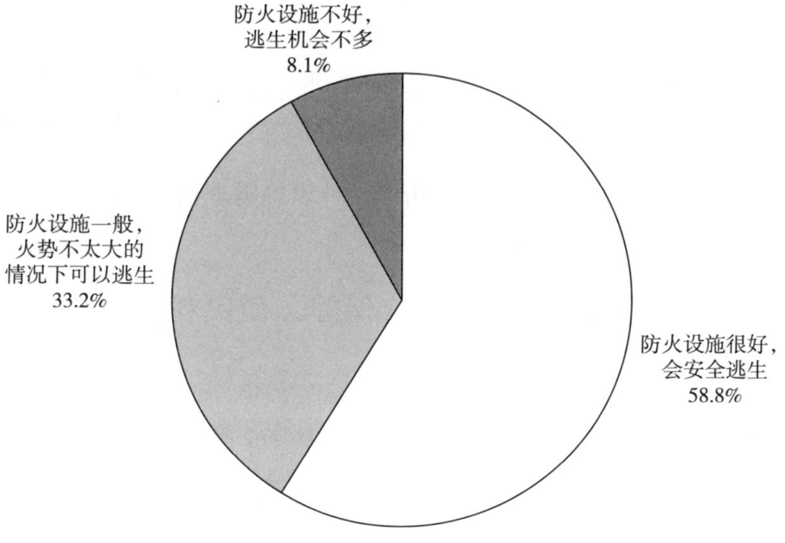

图 16　西长安街街道消防安全情况满意度

六　社区公共服务需求度

（一）硬件设施需求：66%的受访者需要体育健身点

随着人们生活水平的提高，人们对身体健康以及精神文化的关注度日益上升。反映到社区硬件设施需求方面，66.0%的受访者表示社区最缺乏的是体育健身点，35.4%的受访者表示社区最缺乏的是图书室，23.0%的受访者表示缺乏文化活动室（见图17）。

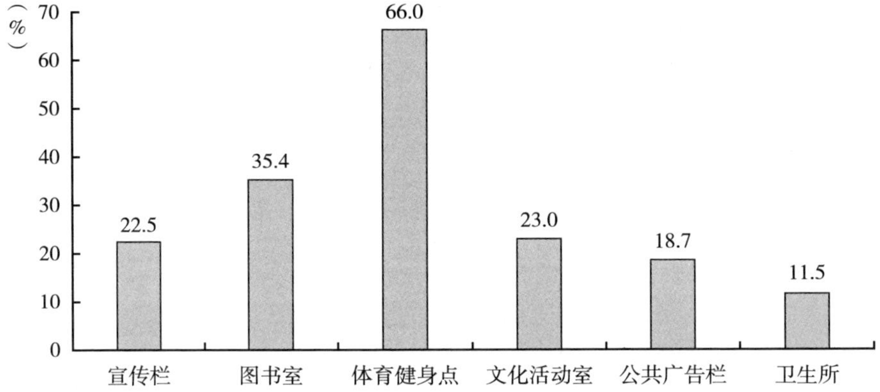

图17　西长安街街道硬件设施需求情况

（二）服务项目需求：医疗保健、便民利民服务和青年课外服务位列前三

在服务项目需求方面，调查显示，39.1%的受访者表示最需要的是医疗保健，其他占比排前五的服务项目需求分别是便民利民服务（38.6%）、青少年课外服务（34.9%）、文化娱乐（34.0%）和公益培训（32.1%）（见图18）。

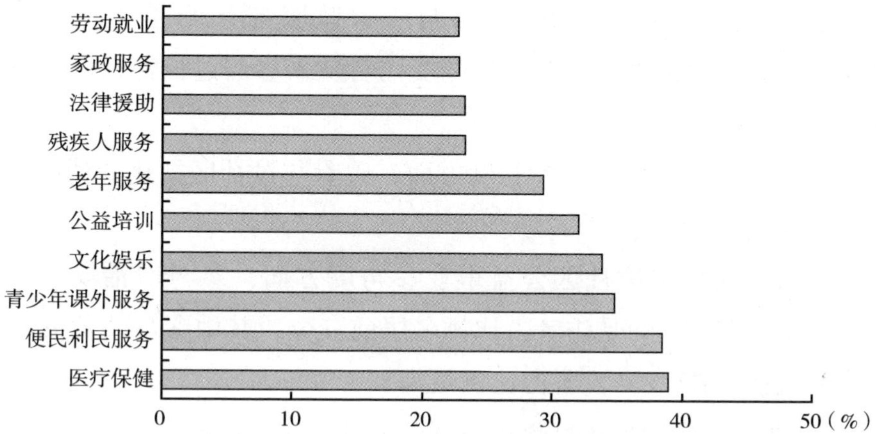

图 18　西长安街街道服务项目需求情况

（三）服务缺口情况：专业人员缺乏、服务资源宣传不足是存在的最大问题

西长安街街道居民在服务项目需求方面，除了上述社区服务项目之外，还有很多问题在调查中反映出来。根据对受访者意见的归纳，专业人员缺乏、服务资源宣传不足以及群租房扰民等也是公共服务中受关注的问题。其中，对于专业人员缺乏问题反映最为强烈的是北新华街社区及西长安街社区的受访者。

七　基本数据结论

基于对西长安街街道驻区单位工作人员的调查，围绕社区服务机构认知度、社区服务参与度、地区生活便利度、社区公共服务满意度和社区公共服务需求度五个方面进行公共服务的供需现状分析，得出以下结论。

第一，59.3%的受访者表示知道街道办事处地址；67.6%的受访者知道居委会的办公地点。

第二，社区服务项目中，参与“家政服务”的受访者占比达27.7%，所占比例最高，37.6%的受访者从未参与过任何社区服务项目。

第三，社区文化活动参与度方面，曾参与过社区文化活动的受访者占比高达59.1%。

第四，驻区单位社区公益事业参与度方面，参与“治安”“绿化”“助老助残”的受访者占比排名居前三位，其中参与“治安”的受访者占比达45.1%，所占比例最高。

第五，在停车资源的调查方面，有16.7%的受访者表示停车条件很不好，已经严重影响工作。与停车难问题相对应，50.7%的受访者认为城市管理方面存在的主要问题是违章停车。

第六，公共交通系统发达并且布局较为合理，59.1%的受访者“最后一公里”换乘步行时间不超过10分钟。但是，对城市市政公用事业的调查显示，仅25.0%的受访者对城市规划布局满意。

第七，正规早餐点设置有待加强，44.1%的受访者表示“稍有不便，多走几步能找到”。

第八，对于社会保障服务项目，受访者对医疗保险和住房保障的满意度较高。

第九，驻区医疗资源方面，45.4%的受访者表示西长安街街道的医疗卫生服务优势是“就医方便”；69.0%的受访者对社会治安情况比较满意。

第十，58.8%的受访者表示“防火设施很好，会安全逃生”。其中，太仆寺街社区的消防设施最能得到受访者的认可。

第十一，硬件设施需求方面，受访者对体育健身设施需求较强烈，66.0%的受访者表示社区最缺乏的是体育健身点。服务项目需求方面受访者最需要的是医疗保健服务。

八　政策建议——提升公共服务参与度，加强服务宣传

居民参与社区建设，有利于强化居民的责任感，增进社区成员间的邻里关系，增强凝聚力，有利于提升整个社区的文明程度。调查数据显示，西长安街社区受访者不论是社区文化活动参与度还是公益事业参与度都不太高，从来都不参与的受访者占比均在40%以上。因此，建议从以下两个方面来提高居民对社区公共服务项目的参与度。

（一）加大宣传力度，培养居民主体意识

增强社区居民主体意识的主要途径之一是加大街道公共服务宣传力度，提升居民对街道公共服务项目的认知度。在强化居民宣传教育方面，注意针对性、广泛性、多样性，通过设计社区标志，结合开展法律、道德、文化艺术等领域的宣传活动，宣传社区内的好人好事，发动居民参与讨论社区问题等，强化其主体意识，提高广大居民参与街道社区建设活动的自觉性，让社区居民走进、了解、熟悉、信任街道社区，发挥好党和政府联系群众的桥梁、纽带作用，做到上情下达、下情上传。

（二）加强街道管理，发展街道文化

对于西长安街街道公共服务专业人员缺乏的问题，应以拓展街道服务为龙头，加强社区管理。以地域性为特征、认同感为纽带，改进街道管理的薄弱环节，理顺社区关系，完善街道公共服务功能。以建设一支知识化、年轻化、专业化的街道公共服务专职队伍为基础，大力推进街道公共服务文化建设，努力实现街道公共服务文化大发展、大繁荣。通过对街道公共服务文化环境的创建，举办形式多样的文化

活动，提高居民的公共服务项目参与能力。既要坚持先进性、高品位的文化活动在街道社区内得到广泛开展，还要从居民实际承受能力出发，尽力而为和量力而行相结合，无偿与有偿相结合，不使参与活动成为居民的明显负担。要建立和完善街道公共服务工作的参与机制，通过对各阶层人员的心理分析，有目的地开展行之有效的各类活动，以实现重新塑造人的道德、理想、信念的目标，为提升广外街道公共服务参与度创造有利条件。

参考文献

周冲：《北京社区公共服务提供现状与居民需求调查》，《前线》2013年第12期。

胡锦涛：《坚定不移沿着中国特色社会主义道路前进 为全面建成小康社会而奋斗——在中国共产党第十八次全国代表大会上的报告》，《理论学习》2012年第12期。

B.3
西长安街街道基于社区居民的地区公共服务问卷调查报告

摘 要： 社区公共服务是社区建设和管理的中心任务，也是衡量一个社区总体水平的重要标志。本文通过问卷调查的方法，对西城区西长安街街道的社区居民开展社区公共服务需求的问卷调查，以了解西长安街街道社区作为群众性自治组织开展公共服务的现状、趋势及居民诉求，通过实证数据分析社区在组织开展公共服务过程中存在的问题并提出对策建议。

关键词： 西长安街街道 公共服务 社区居民 需求满意度

随着市场经济的发展和经济体制改革的稳步推进，社区公共服务迅速发展，但与此同时仍存在一定的探索空间。本报告所涉及的调查对象是北京市西城区西长安街街道所辖13个社区的辖区居民，每个社区随机抽取居民进行调查，调查共发放问卷263份，回收263份，其中有效问卷262份，有效回收率为99.6%。

一 调查样本情况

（一）调查样本基本情况

调查对象中，男女比例约为1∶1.39；年龄在26～35岁及36～45

岁的所占比重最大；职业分布以在职职工为主；户籍以本市户籍为主，其次是本区户籍；受教育程度为大专或本科的所占比例最高；家庭组成结构方面，三口之家所占比例最高；从家庭人均月收入上看，30 人家庭人均月收入低于1560 元，家庭人均月收入在1560 ~3400 元的所占比例最高；受调查对象居住在西长安街街道辖区时间超过三年的占比最高（见表1）。

表1　调查样本基本情况

单位：人

性别	男			女		
	105			146		
年龄	25 岁以下	26 ~35 岁	36 ~45 岁	46 ~55 岁	56 ~65 岁	65 岁以上
	9	70	78	49	31	24
户籍	本市户籍	本区户籍	居住证	暂住证	外籍	
	171	74	1	7	2	
职业	在职职工	个体工商户	公司白领	机关事业单位职工	商业服务人员工	自由业者
	162	14	2	9	5	11
	私营企业主	公务员	离退休人员			
	3	2	42			
学历	硕士及以上	大专或本科	高中或中专	初中	小学及以下	
	8	159	76	11	2	
家庭人数	四口以上	四口	三口	二口	一口	
	36	44	121	42	6	
家庭人均月收入	650 元以下	650 ~1560 元	1560 ~3400 元	3400 ~5000 元	5000 ~10000 元	10000 元以上
	9	21	127	54	32	12
本社区居住时间	三年以上		一年到三年		一年以下	
	187		39		2	

注：回收问卷中，全部题目漏答率在15% 及以下，判定为有效问卷。由于题目漏答，表中对各属性的汇总统计数存在不一致并且小于有效问卷数的情况，下同。

（二）特定群体分析

1. 空巢或独居老人：人均收入在1560 ~3400元的比例较高

空巢老人是指无子女或子女不在身边、独自生活的老年人，其对社区提供服务的需求度较高，需要重点关注。我们将受访者年龄大于55 岁且家庭人口数少于等于 2 人的人群单独抽离出来，共计 50 人（户），其基本特征如下。

性别构成中，女性所占比例为 50.0%，男性所占比例为 50.0%；66.7% 为北京市户籍，其中本区户籍占 33.3%；54.5% 的受教育程度是高中或中专；95.1% 的在本社区的居住时间在三年以上。需要注意的是，在家庭人均月收入方面，41.7% 的空巢或独居老人家庭人均月收入为 1560 ~ 3400 元，与调查总样本受访人群相当；其中，1560 元以下有 3 人，占比 25.0%，明显高于全部受访人群。

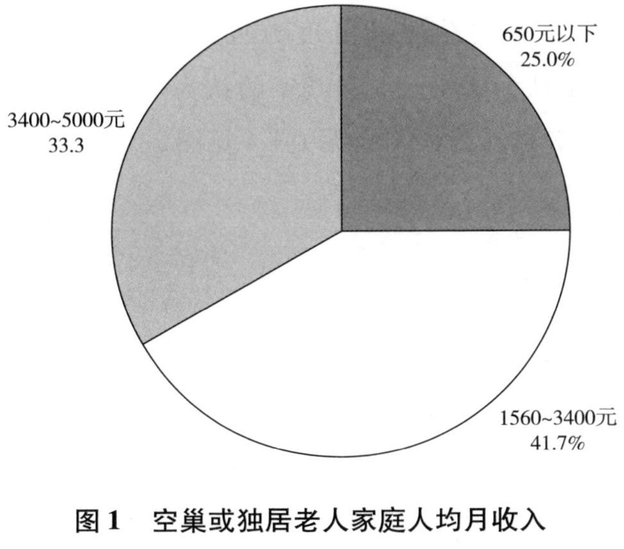

图 1　空巢或独居老人家庭人均月收入

2. 流动人口群体的构成特征：以个体工商户为主

流动人口管理是街道日常工作中的重点与难点，我们也试图在此次调查中对这一部分人群进行描述，但是由于问卷下发对象选取的困难，所涉及的样本数量与实际人群分布存在一定差异。在进行样本选择时，我们将户籍选项中标明“暂住证”和“居住半年以上，但未办理任何居住证件”的两类人群作为研究对象，共涉及调查对象10人，其基本特征如下：在居住时间方面，选择“一年至三年”的最多，占比达62.5%，高于全体样本水平；职业构成方面，以个体工商户（50%）为主，占比明显高于全部样本水平；受教育程度方面，为大专或本科的所占比例最高，为60%。

二　社区服务满意度：总体满意度达69.9%

（一）社区服务的总体满意度：69.9%的社区居民表示满意

社区公共服务的总体满意度方面，69.9%的调查对象选择“好”，26.0%的认为“一般”，1.8%的认为“不好”，1.8%的表示“不清楚”，0.5%的认为“与我无关”（见图2）。

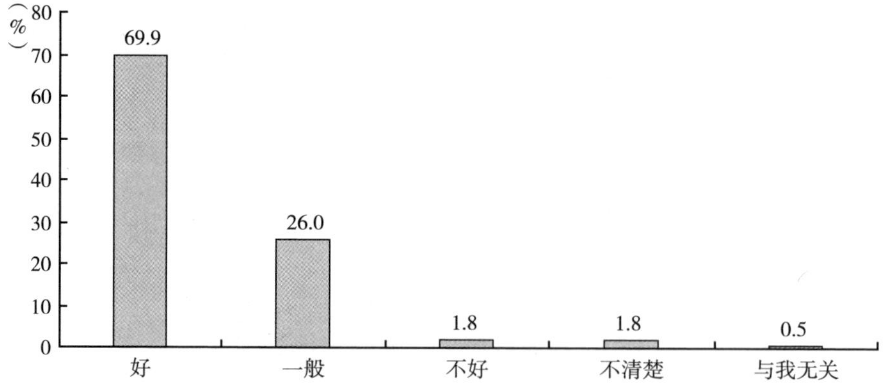

图2　西长安街街道社区公共服务需求人员总体满意度构成

（二）分社区服务满意度：西黄城根南街社区满意度最高

在西长安街街道 13 个社区中，满意度占比位居前三的分别是义达里社区、西黄城根南街社区、钟声社区，其居民认为社区服务好的比例分别为 100%、100%、94%（见图 3）。

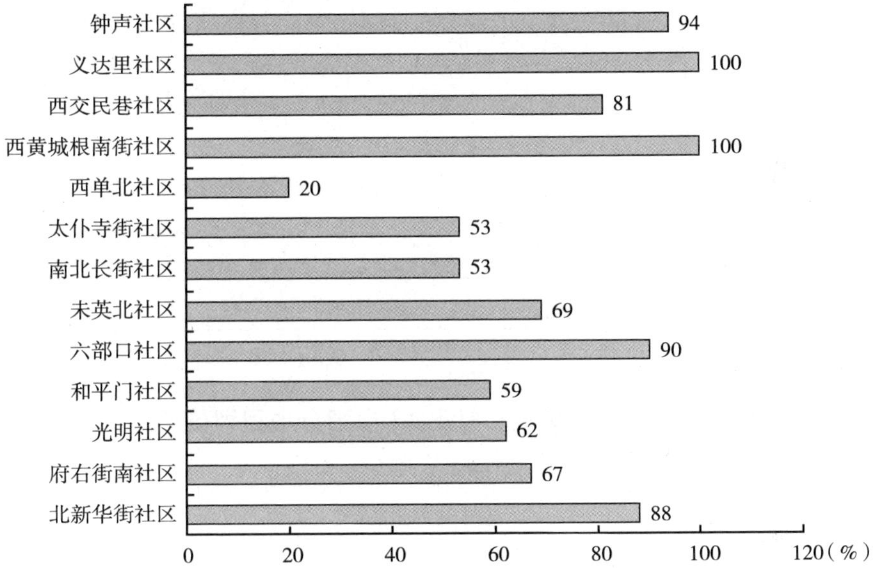

图 3　西长安街街道 13 个社区的公共服务满意度排名

进一步分析 13 项细分服务内容的满意度评价，加权汇总之后排名前三的分别是西交民巷社区、西黄城根南街社区、府右街南社区，得分均超过 4.3 分（见图 4）。

汇总以上两项可以看出，西黄城根南街社区同时进入前三甲，是 13 个社区中居民满意度最好的社区。而西单北社区在两项排位中均居于最后一位。

（三）社区居民对居委会服务最满意

调查显示，西长安街街道 13 个社区公共服务内容评价中，调查对象对社区的居委会服务最满意，均值为4.77分，对停车条件评价最低，均值为2.93分（见图5）。

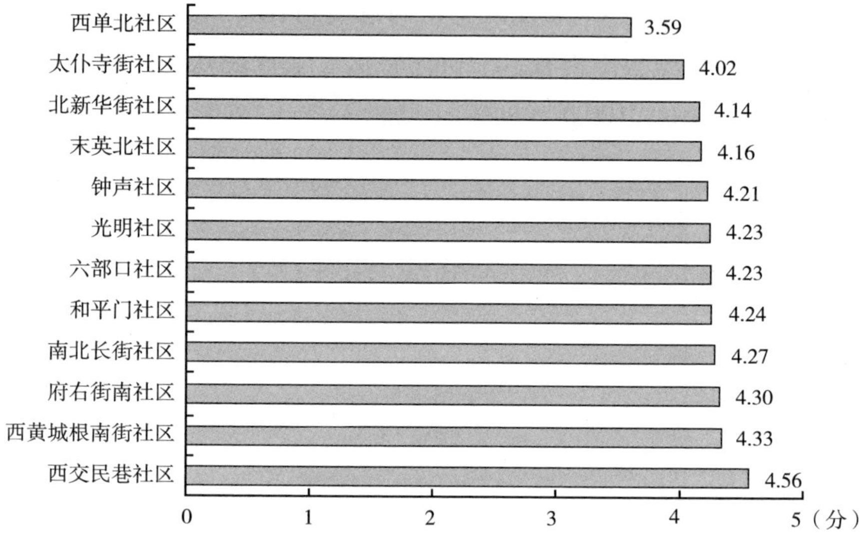

图4　西长安街街道各社区13项细分项目评价得分

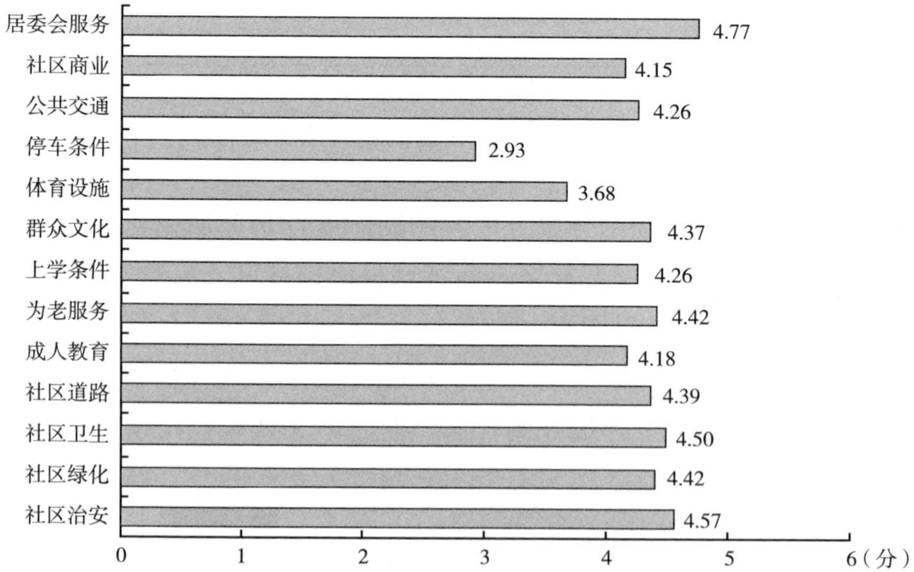

图5　西长安街街道社区公共服务内容评价情况

三　社区存在的问题："居民停车不方便""健身活动场所和设施不足""托儿所、入学难"位列前三

"居民停车不方便"是社区居民最关注的问题。在社区存在问题的20个选项中，92.2%的受访者认为西长安街街道的社区应在"居民停车不便"的问题上加大工作力度，紧随其后的问题依次是"健身活动场所和设施不足"（53.9%）、"托儿所、入学难"（52.2%）、"公共文化场所缺乏"（40.4%）及"吃早点地方少"（40.4%）（见图6）。

此外，从每个社区排名前三的问题统计来看，较为一致的结论是，在西长安街街道13个社区中，12个社区均将"居民停车不方便"列为首位。

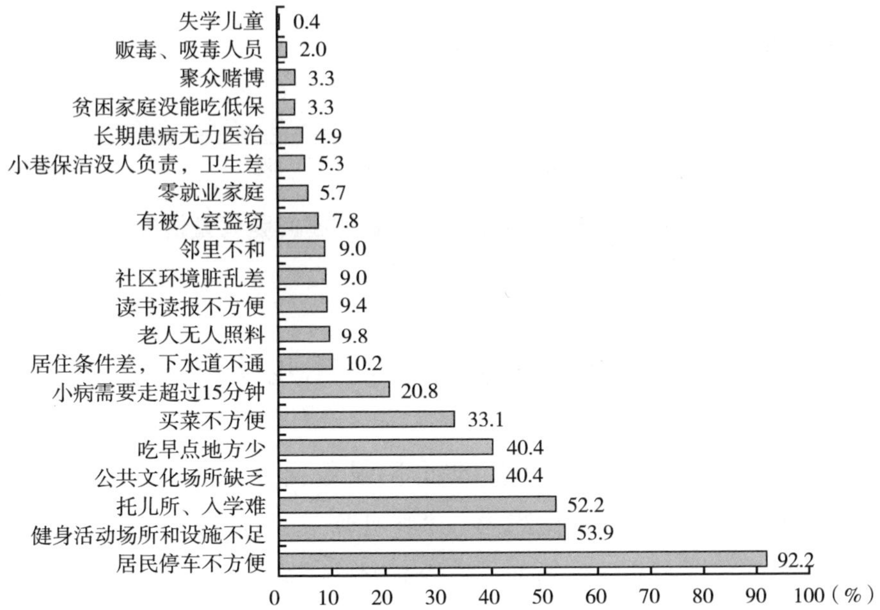

图6　西长安街街道社区居民反映的主要问题

四　受访者家庭问题：住房紧张最为严重

对于受访者家庭自身而言，“住房紧张”是最为突出的问题。55.1%的受访者认为“住房紧张”希望改善住房条件；其他占比排前5位的问题分别是“收入太低”（33.5%）、“缺乏健身锻炼”（28.2%）、“就学不便”（26.5%）和“缺乏公共活动场所”（21.6%）（见图7）。

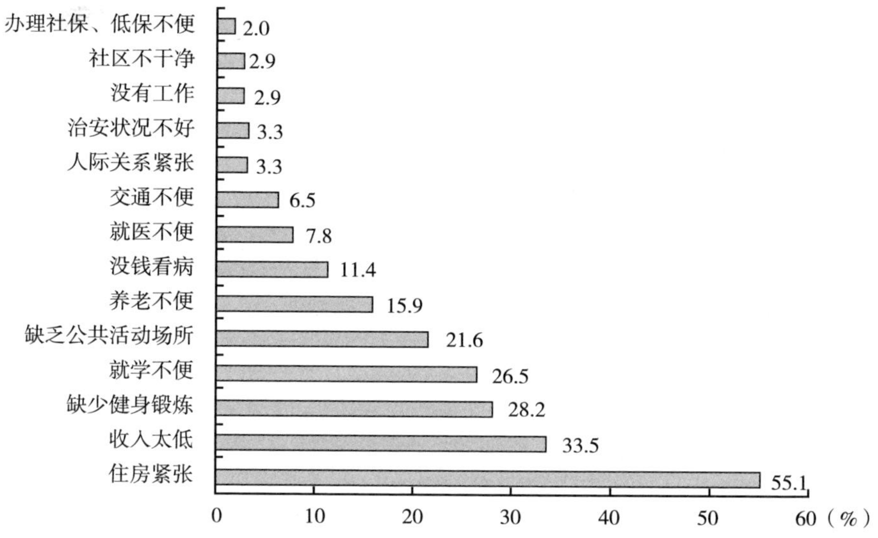

图7　西长安街街道社区受访者家庭问题调查情况

五　社区服务匹配度分析：托儿所缺口最大

在问及被调查者最为重要的社区服务需求时，“养老服务”（49.6%）、“幼儿园”（41.3%）、“托儿所”（41.3%）、“运动设施及机构”（35.3%）、“物业”（33.7%）五项是获选数量最多的项目。

在社区可以提供的服务项目中，选择比例最高的是法律咨询，为61.9%；其他占比排前五位的分别是就业指导，养老服务，代缴水、电、天然气费，社区医疗。

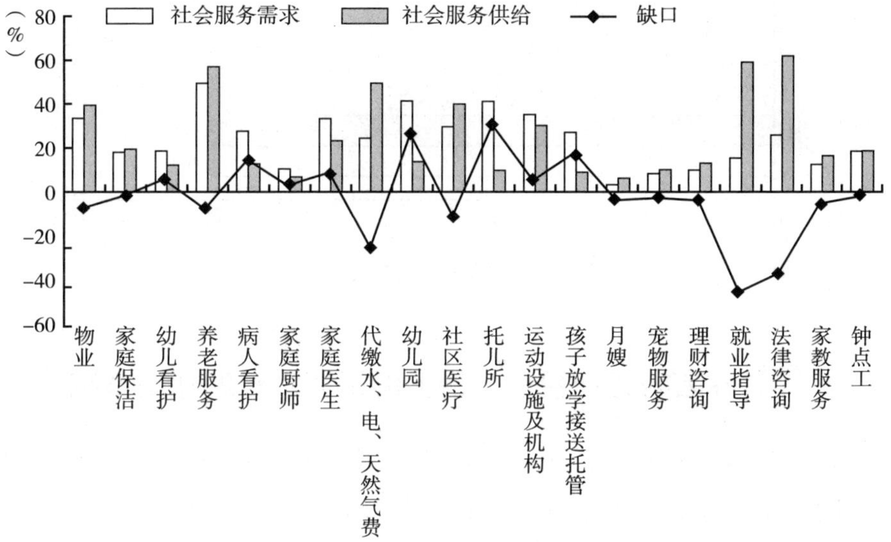

图8　西长安街街道社区公共服务项目供需对比

而在服务项目的供需配比方面，病人看护、家庭医生、家庭厨师、托儿所、幼儿园等均存在缺口。进一步看，托儿所要高于其他几项，成为缺口最大的领域（见图8）。

六　社区养老：紧急救助呼叫系统需求最高

（一）居家养老仍是社区养老模式的主导

调查结果显示，受访者选择居家养老的比例是67.1%，其次是老年公寓为37.6%，敬老院占比最低，为13.6%（见图9）。

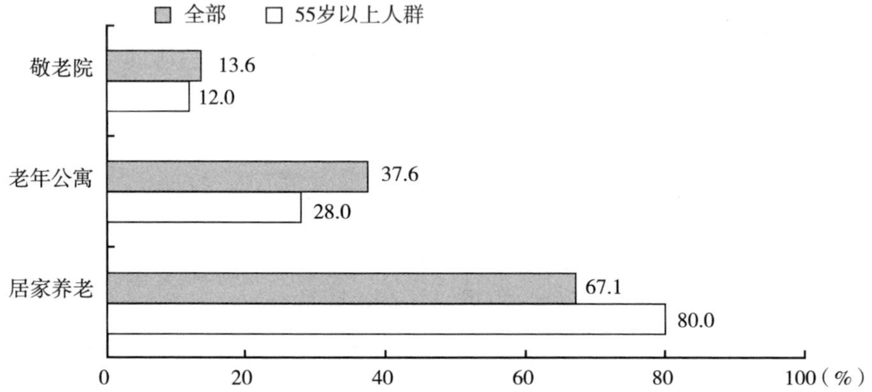

图 9　养老模式需求情况

（二）养老服务项目需求最多的是紧急救助呼叫系统

调查显示，西长安街街道社区受访者对养老项目需求最多的是紧急救助呼叫系统，占比为 61.4%，其次是家庭医生和老年食堂，占比分别是 57.9% 和 55.6%，其后依次是基本体检（46.3%）、专人指导（44.0%）和家庭保姆（29.0%）（见图 10）。

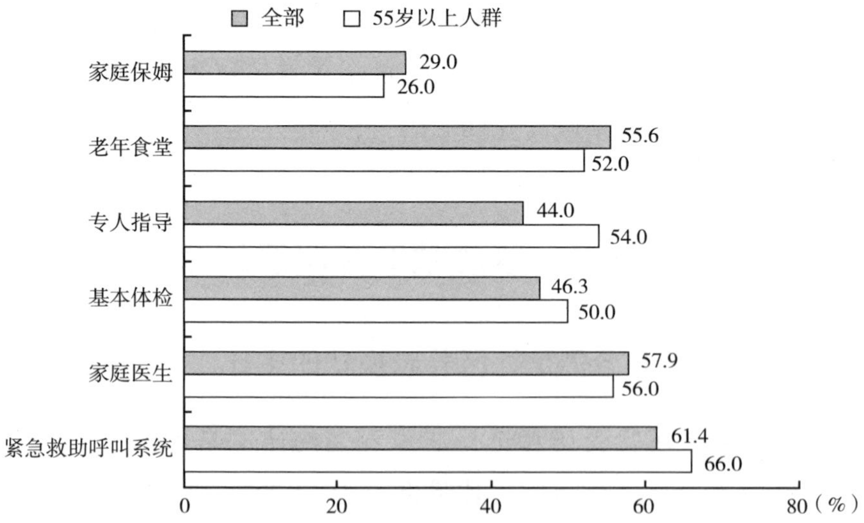

图 10　养老项目需求分布

（三）重点群体养老项目需求分布

社区养老直接对象是年龄大于55岁的人群，他们对养老项目有较高的关注度。以下对该群体的养老项目模式和养老项目需求进行分析。

调查显示，这个年龄段的重点群体对养老模式的需求依然是居家养老，比例达到80%，与全体样本水平相比更高一些。

重点群体对养老项目需求方面，除紧急救助呼叫系统和专人指导、基本体检外，其他均低于全部样本水平。此外，在6个养老项目需求中，重点群体与全部样本群体对于紧急救助呼叫系统的关注度都很高。

七　基本结论

第一，西长安街街道社区公共服务的总体满意度方面，69.9%的调查对象表示满意。

第二，13个社区中，西黄城根南街社区是居民满意度最高的社区。而西单北社区在两项排位中均居于最后一位。

第三，分项满意度调查方面，居委会服务满意度最高，对停车条件最不满意。

第四，在社区存在的主要问题上，“居民停车不方便”“健身活动场所和设施不足”“托儿所、入学难”位列前三，其中92.2%的居民关注停车不方便的问题。在西长安街街道13个社区中，12个社区均将“居民停车不方便”列为社区存在的问题的首位。

第五，对于受访者家庭自身而言，“住房紧张”是最为突出的问题。55.1%的受访者认为“住房紧张”，希望改善住房条件。

第六，从服务项目的供需配比方面看，病人看护、家庭医生、家庭厨师、托儿所、幼儿园等均存在缺口。其中，托儿所要高于其他几项，是缺口最大的领域。

第七，居家养老仍是社区养老模式的主导，受访者表示对于养老项目最需求的是紧急救助呼叫系统。

八　数据分析反映的突出问题及对策建议

（一）统筹管理解决停车难问题

调查数据显示，“居民停车不方便”是西长安街街道社区居民最受关注的问题，92.2%的受访者认为西长安街街道的社区应在“居民停车不方便”的问题上加大工作力度。13个社区中，12个社区均将“居民停车不方便”列为社区存在的问题的首位。因此，解决西长安街街道社区停车难问题迫在眉睫。具体来说，可从以下几方面来加以改善。

一是社区停车位配比要超前，价格制定应合理。首先，房地产开发商应该综合考虑社区居民需求，合理制定车库车位的售价，同时将停车问题纳入前期管理，严格按新建住宅汽车库配套标准进行建设。其次，小区物业要加强秩序管理，做好沟通反馈工作。

二是规范管理，缓解矛盾。与业主达成共识，对已售但未使用的车位，进行租赁，提高车位使用率；整合地下地面两种资源，及时消除重要消防路段禁停区域设置的停车障碍。

（二）以需求为导向缩小服务项目缺口

关于西长安街社区服务项目的供需配比问题，调查结果显示，大部分都处于缺口状态，证明社区供给水平仍存在较大的提升空间。因此，西长安街街道社区在公共服务的提供上应以居民需求为导向，按需提供，不断提升服务质量，解决社区服务项目缺口问题。

一是在棚户区改造和非首都功能疏解后的空间利用上，充分考虑社区养老、托儿所、社区幼儿园的规划布局。二是积极推动家庭医生签约率，实行居民预约就诊。三是鼓励专业服务机构进社区，采取市场化竞争机制加大病人看护、家庭厨师等公共服务供给力度，特别是针对私立托儿所和幼儿园存在缺口的现状，引进品牌化、连锁性专业机构，提高社区服务专业化水平。

参考文献

胡锦涛：《坚定不移沿着中国特色社会主义道路前进 为全面建成小康社会而奋斗——在中国共产党第十八次全国代表大会上的报告》，《理论学习》2012 年第 12 期。

图亚：《关于群众文化创新的思考》，《大众文艺》2013 年第 8 期。

理论报告

Theory Reports

B.4

终身学习理念下的社区教育体系

——以西长安街街道深化“红墙意识”推进社区教育体系建设为例

摘　要：　2012年，党的十八大把“完善终身教育体系，建设学习型社会，形成全民学习、终身学习的学习型社会，促进人的全面发展”作为全面建设小康社会的目标之一。西长安街街道结合建设学习型社会的时代背景，以争创全国社区教育示范街道为抓手，并将“红墙意识”贯穿于街道社区教育工作的始终，构建起全民终身教育的学习体系。本报告在此基础上，借鉴国内其他城市构建社区教育体系的有效经验，为进一步推进西长安街街道社区教育建设提出了相关的对策建议。

关键词：　终身学习理念　社区教育体系　红墙意识　西长安街街道

党的十八大提出要完善终身教育体系，建设学习型社会，要求加强和创新社会管理，加强基层社会管理和服务体系建设。近年来，西长安街街道贯彻落实党的十八届三中全会关于“创新社会治理体制”和“建设学习型社会”的精神，以社区为载体，以服务为核心，立足地域特点，将“红墙意识”贯穿街道社区教育工作的始终，积极探索社区教育建设的新模式、新途径、新方法，创建全国社区教育示范街道，提升街道社区教育整体水平，全面提升街道的人口素质、实现人的全面发展，创首善、促发展、享和谐，倾力打造“京城第一街道”。

一　终身学习理念与社区教育体系

（一）终身学习的概念及基本特征

构建终身教育体系，提高人的整体素质，并基于此提高人的生活质量，正在成为社会发展的必然要求。一般认为，终身教育包括职前职后教育、正规非正规教育、职业教育和生活教育。终身教育理论的奠基者法国当代著名的成人教育家保尔·朗格朗认为，终身教育为人的发展提供了广阔的前景，是实现和满足教育民主化的重要标志。主要表现在两个方面：一方面是终身教育的对象更宽泛，不论性别、年龄、职业等，使人人受教育、人人皆学习；另一方面是终身教育涵盖各级各类教育，拓宽了学习的活动空间，实现了教育的机会均等。

20 世纪 80 年代开始，“终身学习”的使用频率越来越多，甚至逐渐取代了“终身教育”。“终身学习”和“终身教育”在本质上是一样的，但理解的侧重点有所不同。“终身教育”强调的是教育客体，侧重于为教育主体提供各种接受教育的机会和场所。而“终身学习”强调的是发挥教育主体的主观能动性，积极主动地去提高自己的素养，并且人们学习不再仅仅局限于教育机构，而是贯穿于人们生活的始终。终身学习是21世纪的通行证，具有终身性、全民性、灵活性、实用性等特征。

一是终身性。终身学习突破学校教育的框架，把学习贯穿于一个人的一生，包括出生到死亡，接受的正规与非正规教育，涵盖教育体系的各个阶段和各种形式。人总在自觉不自觉地、有意识无意识地学习。时代的变迁，信息社会的发展，都对人的学习提出了更高的要求。个体认知和情感的发展都是随着时间在变化，唯一不变的就是变化，人要在这种动态的变化中实现平衡，就必须不断地学习。

二是全民性。通过终身学习，任何人都能平等地获得学习教育的机会。社会中的每一个人要生存和生活就必须持续不断地学习。或者出于外部环境的压力，对人生价值的追求，自我意识的觉醒，终生进行学习。

三是灵活性。人是社会的主体，也是学习活动的主体。终身学习可以由学习个体自主地决定学习时间、地点和内容，选择最符合自己特点和需求的学习方式。

四是实用性。人所处的自然环境、社会环境、家庭环境等的不同，以及教育条件的不同使得其具有个别化的特征。又由于人的认知、情感等的差异，承担的社会角色也有所不同，这就形成了不同个体受教育程度和经验结构的差别。

（二）终身学习理念下的社区教育

社区教育最早起源于19世纪的丹麦。丹麦的教育家柯隆威是现代社区教育的创始人。1844年，柯隆威在一个叫Rodding的乡村创办了世界上第一所“民众中学”。民众中学主要针对成年人实施普通教育，是一所业余学校，目的在于提高民众的人文素质和文化修养。丹麦以“为民众启蒙、为民众教育”为宗旨的民众中学被看作是近代最早具有组织性的社区教育模式。20 世纪初，丹麦的民众教育组织得到了迅速发展，并获得了比较稳固的社会地位，开辟了社区成人教育的新方向。这不仅推动了丹麦社会的进步，而且影响了英、法、德、俄等众多欧洲国家，甚至还辐射到了北美和亚非，对近现代世界各国的社区教育发展都具有重要的意义。

结合联合国教科文组织对社区教育的定义，我们可以将社区教育理解为“在一定的社区范围内，通过开发、利用各种教育资源，开展不以获取社区利益为目标，而是以提高社区居民生活质量和整体素质为目的的内容广泛、形式多样、非正规的全民性教育活动，从而实现社区成员的全面发展和社区的可持续发展”。社区教育在终身学习的实践中无疑扮演着不可替代的重要角色。在某种程度上说，终身学习与社区教育是不可分割的。一方面社区是终身教育的载体，另一方面，社区教育在各种教育形式中具有承接、联络的纽带作用，是对各类教育资源进行有效整合的枢纽，是实现终身学习的基础。

（三）我国终身学习理念下社区教育的发展历程和态势

我国社区教育可以追溯到 20 世纪 20 ~ 30 年代五四运动和新文化运动背景下开展的一系列教育改革。新中国成立后，计划经济体制下政府主导开设了大量夜校、工农速成学校等非正规教育机构，这些都是社区教育的雏形。改革开放以后，我国逐渐形成了基于不同地区实际的社区教育模式，为社区教育走向规范化奠定了基础。1999 年，《面向 21 世纪教育振兴行动计划》明确提出了要开展社区教育实验工作，由此中国启动了社区教育实验工程。

当前，伴随着我国市场经济的快速发展，工业化、城市化的水平不断提高，社区教育也获得了前所未有的发展。一方面，社区居民的自主学习意识增强，越来越多的居民开始主动参与到社区教育中来；另一方面，城市发展使各种“城市病”开始凸显，社会矛盾更加突出，这给社区服务工作带来了严峻的挑战，发展社区教育的紧迫性日益凸显。2010年，教育部颁布的《国家中长期教育改革和发展规划纲要（2010～2020年）》明确提出，“广泛开展城乡社区教育”，“加强城乡社区教育机构和网络建设，开发社区教育资源”，争取到2020年形成“形成人人皆学、处处可学、时时能学的学习型社会”。

二　以强化“红墙意识”为核心推进社区教育体系建设

西长安街街道4.24平方公里辖区中，云集了中共中央、全国人大、国务院等中央和国家机关，加上国家部委和北京市委市政府机构共550余个；它们兼有上级单位、服务对象、工作力量、属地资源多重性质，并形成平均每平方公里达130多个的独有主体成分结构。如此客观环境，使属地工作生活者产生了一种特色化精神素养，其中贯穿文化自觉、力图让全国人民和各级领导信赖的心理与行动，包括大局意识、忠诚原则、善战能力等，综合简喻为“红墙意识”。具体来说，“红墙意识”指西长安街街道干部群众在思想与行动上的特殊文化自觉，主要包括：用积极安全、科学保障所体现的同党中央高度一致的政治意识，用首善追求、一流服务所体现的为国为民的工作意识，用创新进取、亲密互动所体现的与区域主体的协同意识，用团队魅力、人文精彩所体现的共同繁荣的亲情意识，总之，是通过“真心”与“能力”交织，力争无愧于党和国家最高机关“身边人”的光荣，让各方认为靠得住、用得上、信得过的意识。

2012年，党的十八大把“完善终身教育体系，建设学习型社会，形成全民学习、终身学习的学习型社会，促进人的全面发展”作为全面建设小康社会的目标之一。这个战略性指向，高屋建瓴，体现了与时俱进的时代精神。在社会经济飞速发展、国内外竞争日趋激烈的时代，创建学习型社会已成为一个国家、一个民族的必然选择。西长安街街道结合建设学习型社会的时代背景，以争创全国社区教育示范街道为抓手，并将“红墙意识”贯穿于街道社区教育工作的始终，推进社区教育体系建设。

（一）健全社区教育长效机制

西长安街街道结合街道发展规划，制定了创建全国社区教育示范街道的方案，成立了社区教育管理委员会。委员会实施目标管理，建立了联席会议制度，制定社区教育工作计划，健全制度规章，形成长效机制。

第一，制定了《西长安街街道社区教育管理委员会章程》、《社区教育工作督查制度》和《社区教育考核制度》，对社区教师聘任、教育资源共享、评估检查督导、考核奖励表彰、经费使用保障等各个方面进行了详细的阐释说明。

第二，通过“西长安街街道市民中心校—西长安街社区教育学校—各社区市民学校分校”三级教育机构，建立起完善的居民需求培训制度，满足了居民多层次、多样化的学习需求。

第三，街道还建立起检查交流、综合评价、反馈改进和表彰奖励等管理制度，激发社区教育工作者的积极性和主动性，提高了社区工作者对社区教育的重视程度。

第四，围绕居民终身教育体系建设项目，街道每年都会安排专项经费，确保教育投入逐年稳中有升，资金保障到位。

第五，加强队伍建设，奠定人才基础。街道充分发挥街道工作人员、社区工作者、教育专家和学者、志愿者等各支队伍在建设全国社区教育示范街道中的作用，为形成高层次、多元化、全方位的社区教育人才队伍奠定了基础。

（二）搭建终身教育服务体系

西长安街街道按照全员、全程、全面的理念，探索建立由街道组织协调、教育机构承担培训、社会单位共同参与的纵向到底、横向到边的终身教育服务体系。

开展学前教育。突出解决两个问题：一个是提供场所，另一个是提供指导。社区居委会为学龄前儿童提供了集中活动游戏的场所，方便儿童在一起嬉戏玩耍、家长在一起交流经验，为辖区幼儿的健康成长创造条件。街道社区教育学校家教指导中心定期开展亲子大课堂和家庭教育指导咨询活动，为幼儿的成长提供切实有效的帮助。

开展青少年素质教育。西长安街街道针对青少年学生素质教育的特点，充分发挥街道和社区提供社会实践机会的作用，开展符合青少年成长阶段的校外活动，不仅扩展了他们的知识面，提高了他们的动手能力、社会适应能力，也为他们的成长创造了良好的社会环境。

健康教育。西长安街街道针对当前居民健康需求比较迫切的实际，把健康教育作为社区教育的一个重要主题，充分利用辖区拥有医疗资源的优势，与专业的医疗机构开展合作，定期为辖区居民举办健康讲座和提供健康咨询服务，得到了辖区居民的认同。

失业人员技能培训。针对辖区内失业人员再就业难的问题，街道把针对失业人员开展全方位的技能培训作为社区教育的一项重要服务，主要包括：一是开展适应用人单位需求和岗位需求的有针对性的技能培训；二是开展被推荐上岗的失业人员的职业道德教育；三是对已经实现再就业的人员进行全程跟踪服务，针对他们在工作中遇到的问题，及时给予有针对性的教育培训，包括心理、技能等方面。

老年人教育。西长安街街道把老年人作为社区教育的主要服务对象，针对老年人的需求开展集学习、娱乐、社交、养生于一体的教育培训活动，不仅丰富老年人的文化生活，愉悦老年人的身心，还带动老年人更多地参与社区生活，有利于社区民主的发展。

（三）加强社区教育基础设施建设

街道在社区文化设施日渐完善的基础上，进一步提升硬件设施的服务水平。通过加强文化场所、文化设施的纽带和桥梁作用，扩大社区文化活动的辐射面，增强了群众参与社区文化活动的积极性和参与度。

1. 按照“1121”工程标准配备文化活动室

近年来，随着街道、社区文艺团队数量和规模的日益增加，对于排练场地、活动经费的需求也明显增多，街道在解决社区办公用房的同时也积极挖掘可利用的文化场地资源，府南社区、义达里社区文化活动室先后于2012年改造落成并投入使用。目前街道13个社区均已按照“1121”工程[①]标准配备文化活动室，为社区居民就近享受文化服务提供了场地保障。

表1　西长安街街道社区教育设施建设一览

社区教育学校	街道先后投入了100多万元资金对所有校舍及配套设施进行了修缮，为学校修建了英语学习室、电脑学习室等。社区教育学校充分发挥教育基地的作用，配合街道文明市民中心校开展了系列教育活动，为进一步做好居民社区教育做出积极的贡献
科普教育基地	西长安街街道现有科普基地5个，在学习型社区建设过程中发挥出积极作用，为学生们开展科普活动提供便利条件
文明市民学校教育基地	西长安街文明市民中心校及辖区13所社区市民学校，以丰富多彩的内容和喜闻乐见的形式，吸引居民突破传统生活空间和封闭的生活方式，走出家门，走进人群，融入社区，在组织居民学习、服务于居民学习等方面起到了重要的基础性作用

① 根据国家及北京市的要求，西城区实施“1121”工程，即建设“一个文化站、一个社区教育学校、两个图书馆和一个数字电影院”，为居民构建15分钟文化活动圈。

续表

法制教育基地	街道司法所多年来始终保持针对青少年学法、普法、用法而形成的良好法制宣传机制，认真落实普法规划的各项目标任务，深入贯彻与时俱进的普法理念和宣传方向，以文明市民学校、社区法制大讲堂、公益法律服务室、法制宣传栏、板报等为载体，积极开展各种形式的法制宣传教育活动，为辖区青少年开展“法制嘉年华”、模拟法庭等活动，使辖区群众和青少年遵纪守法的自觉性和依法维权的自主性不断增强，在街道形成良好的学法、用法的氛围
安全展室基地	展览内容共分为国防安全、灾难知识及预防、房屋安全、消防安全、交通安全、用电安全、营养膳食、科学养生、科学健身、培训教室等，向辖区居民宣传安全知识，在寓教于乐的气氛中增强安全意识

2. 创建街道“红墙文化”特色阵地

2012 年 3 月，街道领导多方筹措资金、整合社区资源，建成了西长安街街道文化活动中心，并无偿提供给驻区单位、社区居民使用。活动中心位于东斜街 53 号，总面积达到 1300 平方米，内设 16 个活动室，可同时承载千余人参与活动。

依据功能划分，文化中心设有乒乓球练习场、京剧室、舞蹈室、小剧场、棋牌室、多功能厅、手工室、琴房、图书馆、健身房等 16 个功能室，分为东西两区：东区一层为静区，集培训、学习、创作、休息、交流为一体；西区为动区，主要供居民交流、健身、娱乐、休闲。中心自正式运行以来，共接待中外、各级各类团体参观 21 次，参观人数 803 人；举办艺术普及、教育排练、演出及培训、展览活动共计 828 次，受众 45000 余人；放映主题公益电影 52 场，观众 2347 人；组织非遗展览、教学 35 次，参与人数 5000 余人；图书借阅 11376 册，借阅人次达 5369 人；平均每天接待 160 人次，累计接待人数已超过 65000 人。这一平台的搭建传承和弘扬了“红墙文化”，以文育人，以文化人，为地区单位和居民群众提供了优质的文化需求服务。

此外，文化活动中心的落成也为街道红墙艺术团的成长和发展提供了硬件保障。街道红墙艺术团表演队常年在此活动，作为主阵地，活动中心也非常注重团队活动的质量，全程协助各个团队制定活动的内容，并聘请老师，为团队进行专业指导。据统计，文化活动中心每周为红墙艺术团提供活动时间不低于 22 次。活动中心正式运行至今，累计参加排练、培训、演出的红墙艺术团员人数达到 43000 人次。

3. 统筹利用驻区单位社区教育资源

街道地域内拥有众多国家级艺术殿堂，为更好地为辖区居民提供服务，街道与它们建立了长期的共筑共建机制，形成了地区教育资源共享网络。2010 年，街道开展了居民“走进高雅艺术殿堂”活动，2011 年邀请北京市文联参与社区文艺演出，2012 年邀请国家大剧院专家为地区学校、社区居民开设高雅艺术普及课程等，依托艺术殿堂的资源优势，通过参观与艺术普及教育相结合，有效提升了居民的文明素质和文化素养。

与此同时，街道还努力寻找与地区单位的合作，挖掘可利用的排练场地资源，如钟声社区的全总文工团、和平门社区的北京市文联、高登大厦楼宇党建会议室，这些资源的利用有效缓解了各类民间艺术团队排练场地紧缺的问题，同时也更好地发挥了地区文化活动厅室的服务功能。

2011 年，街道重新调整了两家街道图书馆的位置，增加了阅览面积、阅览坐席，硬件设施也有一定的扩充，各方面设施条件明显改善，还增设了北京市民政务信息查询系统，满足社区居民对图书阅览及信息咨询的需求；充分发挥了数字电影放映设备的服务功能，制定了详细的放映制度，固定专人放映、固定专人维持场地环境，每个月 20 日之前向社区公示下一个月放映计划，如今已经形成了较为成熟的数字电影放映体系，在地区形成了一定的电影文化氛围。

（四）有序推进学习型组织建设

近年来，西长安街街道号召辖区基层党组织争创学习型党组织，特别是街道机关身先士卒，深入持续抓好学习教育，组织街道领导班子坚持周二、周六集体学习，制定具体的学习时间表和任务流程图，邀请专家辅导、参观教育基地、观看教育影片、开展“百姓宣讲”、上好主题党课、开设“手机微课堂”、开展廉政教育活动等，确保学习时间、内容的落实。开展“六走近”和“进千家”活动，组织街道处级领导、机关科长、区派挂职干部和社区书记、站长共走访1200余户家庭。组织召开街道领导班子、社区党委专题民主生活会和各基层党支部专题组织生活会，使每名党员都经受了一次党内政治生活洗礼，接受了一次党性锻炼和党内教育，进一步强化了首善意识、“红墙意识”、大局意识和服务意识，坚定了做“红墙人”的理想信念。在辖区内推选有影响的先进党员进行集中宣传，使大家学有榜样、学有标杆；在《长安街时讯》开辟“教育实践活动”专栏，发布活动动态、总结典型经验，起到示范引领作用；注重抓好信息的采集、提炼、报送和宣传工作，街道经验做法在区《教育实践活动简报》专刊上进行推广、宣传。组织开展“红墙周边党旗红”、“最美书记”、“5S”精益服务之星评选等主题实践活动，发挥优秀党组织和优秀党员的先锋模范作用。

在大力推进学习型党组织建设和学习型机关建设的基础上，西长安街街道还在地区单位、学校、社区内广泛开展学习型单位、学习型学校、学习型社区及学习型家庭等各类学习型组织建设，推进了学习型社会建设的系统化。

西长安街街道在学习型街道创建过程中，坚持以人为本，不断开拓创新，以“突出特色、提升品位、打造精品、共建和谐”为目标，立足各社区不同的社会资源和人文环境，形成了“一社一特”的精品社区建设格局，不仅使社区对自己的优势资源有了更加清醒的认识，还通过这一优势资源提升了居民对社区的认同感和归属感。

三　我国终身学习理念下的社区教育实践探索

上海是我国社区教育开展得比较早、比较典型的城市。2000 年 4 月起，上海市闸北区、嘉定区、浦东新区、闵行区、徐汇区先后被教育部确定为国家级社区教育实验区。这些实验区几年来积累了有关社区教育的经验。自 2008 年教育部确定全国首批社区教育示范区以来，上海市已经有闸北区、徐汇区、浦东新区、嘉定区、长宁区、普陀区、静安区、杨浦区、闵行区、宝山区十个区被确定为全国社区教育示范区，对全国其他地区起到了示范和带动作用。

（一）浦东新区：社区教育由基础性向内涵性提升

在全国推广社区教育的大背景下，浦东新区于 2001 年被教育部确定为全国首批社区教育实验区；2008 年，又正式被命名为全国首批社区教育示范区。从“实验”到“示范”一词之差，显示出了浦东社区教育的发展和飞跃。在全区层面，虽已成为全国社区教育示范区近 7 年，但是浦东的社区教育并没有止步，一直在自我加压，提出了更多发展性、提升性的要求。2011 年底，在推进学习型社会建设的大背景下，浦东新区推出了《浦东新区社区教育发展三年行动计划》，争取在更高层面上形成示范。计划中提到的量化指标目前基本都已实现，比如，学校规范化标准化建设已 100% 达标，全区有 16 个街镇成为上海市社区教育示范街镇，达到了全市的44% 。

除了实现这些量化指标外，更为重要的是，浦东形成了横向与纵向相结合的社区教育体系。一方面是构建了人发展全过程的纵向教育结构，从0岁前的科学受孕、胎教、幼教、义务教育、高等教育到成人继续教育、老年教育等。另一方面是形成了各类型学习贯通的横向教育结构，突破普通教育、职业教育、成人教育之间的壁垒，根据居民学习需求在社区教育这个网络中实现新的组合。

这样一个社区教育体系的形成，得益于两个方面的创新与突破，一方面是依托网络信息技术，创新教育模式，形成覆盖全区的开放式远程教育网络；另一方面是整合政府、学校、企业和社区的教育资源，形成与终身教育体系相匹配的管理网络。

（二）闸北区：建设具有闸北特色的学习型城区

闸北区[①]在发展社区教育的过程中，充分利用辖区教育资源，建成一个人人学习、时时学习、处处学习的具有闸北特色的学习型城区。闸北特色突出表现为三个关键词——开放、系统、专业。

所谓开放主要是指闸北区的各类教育资源通过整合向居民全面开放，包括辖区内的成人学校、职业学校、中小学、企事业单位、委办局等。整合的主要载体是学习信息库，把学习资源与学习需求联系起来，建立“没有围墙的学校”。所谓系统主要是指闸北区在建设社区教育学院过程中，专门成立了两个中心——市民学习指导中心和社区教育研究中心，通过这两个中心对社区教育工作进行系统的研究、指导和服务，以保障社区教育长远、良性的运行和发展。所谓专业主要是指从教育、法律、生活、保健、休闲等方面甄选老师，形成了由专职教师、兼职教师和志愿者组成的专业师资队伍，以保证教育授课的专业性。

① 2015年10月，国务院正式批复闸北、静安两区合并，设立新的静安区。

（三）闵行区：全面构建“1 +1 +13 +503”社区教育网络

一是把社区教育服务社会发展和个人发展的功能结合起来，创新发展理念与发展思路。在社区教育发展理念方面，闵行区紧扣建设“智慧、生态、宜居”新闵行的要求，叫响了“智慧点亮社区、教育造福百姓”的口号。此外，还根据闵行区的“四化”方针①，提出了“为了每一个闵行市民的终身发展，把闵行打造成宜居、宜学的学习型城区”的发展目标。

二是把社区教育的资源整合与激发社会活力结合起来，创新体制机制与工作方式。闵行区深化改革，成立了“志愿者联盟、职业教育联盟、成人教育联盟、学习型组织联盟和社会组织联盟”五大联盟，通过这五大联盟发挥全社会的力量，全方位地推进社区教育的发展。此外，闵行区还十分注重社区教育制度化建设，制定了机构和队伍建设制度、目标责任制度、宣传报道制度、经费投入制度、资源共享制度、检查评估制度等一系列社区教育制度，并将社区教育纳入对区政府相关职能部门和各街镇主要领导干部的民生指标考核体系之中。

三是把社区教育的纵向与横向的体系建设结合起来，创新社区教育网络。闵行区全面构建了“1 +1 +13 +503”社区教育网络，即：1 所社区学院，1 所老年大学，13 个街镇社区学校，503 个村、居委学习点。通过这个社区教育网络，闵行区的居民可以随时随地地进行符合自身需求和特点的学习活动。针对这个社区教育网络的建设，闵行区加大资金投入，探索出“财政下拨为主、部分经费统筹、多渠

① 闵行区提出的“四化”方针是指“征地农民市民化、新上海人归属化、动迁居民本土化、外来务工人员技能化”。

道筹措”的社区教育经费筹措机制。按闵行区常住人口计算，全区人均社区教育经费达到11.33元。

四　进一步完善西长安街街道教育体系建设的思考

西长安街街道位于首都内核，紧邻中央和国家机关，必须使“红墙意识”与辖区中心工作不断契合，从西长安街特殊的区位出发，从百姓的实际需求出发，继续开拓创新、锐意进取、扎实工作，为扎实推进“京城第一街道”目标而不断努力。

（一）以“红墙意识”统领社区教育体系建设

特殊的区域位置、承载的首都功能、担负的职责任务决定了西长安街街道必须准确把握区域功能定位，始终牢固树立“红墙意识”。“红墙意识”是接地气、合特质、有张力的独特思想财富，是使地域文化活化、思想政治工作有竞争力的良好角度，有在社会运行中迎八面来风、汲各方营养、收本地硕果的美好前景。当然这一理念的认识程度、传播效果、能量发挥、资源利用尚处初级阶段，要着力打造升级版的“红墙意识”，用高度体现使命与责任担当，用深度提炼境界与文化自觉，用广度展示追求与践行首善。

在推进社区教育的过程中，西长安街街道要将“红墙意识”贯穿始终，让社区教育成为街道建设“红墙意识”的载体。一方面，要通过社区教育打造“红墙文化”，使社区居民增强政治意识、纪律意识、服务意识和首善意识，自觉认同“红墙意识”，践行“红墙意识”。另一方面，街道各级领导干部要把最优服务作为“红墙意识”的重要内涵，加大为民办实事力度，通过群众路线教育实践活动、

“访、听、解”等工作进一步深入居民群众当中，建设符合民意、顺应民需的社区教育体系。

（二）满足多层次、多样化的社区教育需求

借鉴上海、成都社区教育的经验，构建“区—街道—社区”三级社区教育网络，进一步完善纵向学历结构，形成贯穿人生发展全过程的社区教育体系。

同时，街道还要意识到不同层次的社区居民对社区教育的内容和形式的要求是不同的。因此，社区教育要以社区居民为中心，定期开展社区居民教育需求调查，了解社区常住居民的年龄结构、文化背景、兴趣爱好等不同特点，开展有针对性的、满足社区居民需求和受欢迎的教育活动。根据公众最关心的问题设计策划教育活动；在活动过程中和结束后，要认真对待公众的反馈意见，并将之切实纳入社区教育工作的评价机制。

根据调查结果分析，目前，青少年、老年人、进城务工人员和待业人员是社区教育的重点对象。例如，针对老年人对科学生活、身心健康、人文关怀等的学习需求，开展与文化娱乐相结合的休闲式教育，通过讲座、报告会、故事会、现场互动等活动形式，使其老有所得、老有所乐；针对进城务工人员和待业人员，加强职业技能和创新能力的培训，开展安全知识、心理健康、科学生活等教育宣传活动，增强其适应职业变化和城市生活的能力；在青少年社区教育活动中，更加注重创新性和实践性，使更多的中小学生通过社区教育活动亲近社会、学习知识、开阔眼界。

此外，加强街道和相关部门对社区教育工作的协调与服务，鼓励社区内各种组织和单位积极参与社区教育。充分利用社区宣传栏、图书室、文化广场等资源，发挥社区教育教师和志愿者的优势和特长，满足社区居民多层次、多样化的需求，激发社区居民参与社区教育的热情和主动性。

（三）利用信息技术创新社区教育载体

充分利用互联网新技术，发展新媒体，开展社区教育工作。互联网以其传播便捷、覆盖面广、效率高的优势，已成为我国公民获取科技信息的主要渠道。中国科学技术协会公布的第九次中国公民科学素质抽样调查结果显示，2015 年公民利用互联网及移动互联网获取科技信息的比例达到53.4%，比2010 年的26.6%提高了一倍多，已经超过了报纸（38.5%），仅次于电视（93.4%），位居第二。而在具备科学素质的公民中，高达 91.2% 的公民通过互联网及移动互联网获取科技信息，互联网已成为具备科学素质公民获取科技信息的第一渠道。因此，今后社区教育工作应该重视利用信息技术，加强新媒体基础设施建设，注重建立社区教育网络、微信群、博客、微博等进行有关社区安全、健康、环境、卫生及相关日常生活等方面的知识宣传，建立社区网络信息交流平台，这不仅有利于提升社区居民科学素质，也能促进社区的和谐稳定。

（四）加强对驻区单位教育资源的统筹与利用

目前，西城区约有各级各类驻区单位30959 个，资源十分丰富。截至2013 年，西城区相继已有 353 家社会单位参与到资源开放共享工作中。这些社会单位（包括机关和事业单位、企业及其他机构组织）以无偿或低偿的形式为社区居民提供活动场地、文体教育、便民服务、就餐、医疗、停车、综合七大类资源。其中，有 163 家学校、部队、公园和企业等单位向居民开放了活动场地资源，有 103 家学校、各类博物馆和纪念馆等单位向居民开放了科普教育、场馆参观等文体活动类资源。但总体上看，西城区在统筹与利用驻区单位资源方面还有很大的发展空间。

为此，应尽快建立健全区、街、社区三级资源开放共享工作体系，明晰各个层面在资源共享工作中的职责定位。区级层面整体统筹协调区域内资源开放共享工作，研究整体推进的政策和方法。各部门要研究专业领域的资源开发利用问题。街道层面成立专门推进的机构，挖掘资源做好服务，充分发挥街道统筹辖区发展的基础性作用。社区层面发挥纽带和桥梁作用，加强对居民的宣传教育。

更为重要的是，不断探索资源开放共享的创新模式。一方面，政府部门要转变原有固化的指令性工作方法，通过服务为先、合作共赢的方式，逐步宣传和渗透资源开放共享理念，推动和激发这些驻区单位的社会责任感，动员他们主动参与到资源共享当中来。另一方面，在实践上要积极探索资源共享的新模式。资源开放势必会增加管理成本，如果不能科学有效的管理，肯定会影响参与的积极性。因此要探索一个既能共享资源又不损失驻区单位利益的方法。可以借鉴资源共享较成熟地区凭单制、非营利组织无偿或低偿供给等多种方式。西城区也有一些单位在这方面做了积极的探索，如北京市第七中学设立专门的体育俱乐部，运作文体活动资源的共享，以低偿或无偿的形式向社会提供服务。这样既减轻了资源共享给开放单位在管理上带来的负担，也更方便了周边居民使用。

（五）积极推动社区教育国内外交流

加强与国内外社区教育工作的沟通和交流。积极参与中国社区教育工作交流会议，并选择一些社区教育开展较好的国内地市进行考察和学习，借鉴一些先进的经验和做法。借助社区教育文化交流平台，加强对外社区教育工作交流。西城区有 12 个密切交往的国际友好城市（区），应该充分利用这些友好城市开展社区教育工作的对外交往。发挥好社区在促进校内教育与校外实践活动方面的作用，可以利用西城区 40 余所中小学在美国、英国、日本、澳大利亚等 20 余个国家中建立的“友好校”平台，开展科技教育、艺术教育、体育教育等实践活动的交流。在促进社区文化艺术教育发展的过程中，可以利用各类独具特色的艺术团队参与国际文化交流活动的平台，加强同韩国、法国、澳大利亚、埃及、芬兰、南非等国家的交流，提升社区教育的国际化水平。

参考文献

李媛媛：《深化“红墙”意识打造“京城第一街道”品牌》，《成人教育》2013 年第 4 期。

王永红：《终身学习理念下社区教育体系的构建》，《中国成人教育》2012 年第 1 期

刘尧：《社区教育的内涵、特点与功能探讨》，《西北农林科技大学学报》（社会科学版）2010 年第 3 期。

黄云龙：《我国社区教育的嬗变、发展态势及其实践策略》，《教育发展研究》2005 年第 18 期。

徐魁鸿：《我国社区教育的发展：历史、问题及对策》，《职教论坛》2012 年第 4 期。

刘小刚：《成都市武侯区社区教育“三三模式”案例研究》，电子科技大学硕士学位论文，2013。

周雄英：《我国社区教育发展研究》，湖南大学硕士学位论文，2010。

黄小云：《文化自觉与社区教育的内在契合——以温州社区教育发展为案例》，《中国远程教育》2013 年第 2 期。

阮李全、冯子轩：《论我国社区教育体系的建构》，《重庆师范大学学报》2008 年第 5 期。

陈烁：《“社区课堂”的魅力——浦东社区教育 20 载演绎史》，《浦东时报》2014 年 12 月 19 日。

《闵行区被评为“全国社区教育示范区”》，http：//www.shedunews.com/zixun/shanghai/quxian/minhangqu/2014/03/07/621509.html，2014 年 3 月 7 日。

孙庆：《上海市社区教育的现状及发展策略研究》，上海交通大学硕士学位论文，2007。

沈望舒：《重释“红墙意识”新义》，《西城调研与决策》2015 年第 6 期。

艾丽：《西城区社会单位资源开放工作研究报告》，《北京市西城区二〇一三年度优秀调研成果选编》，2014 年 11 月。

B.5
“以人为本”的公共服务体系建设研究
——以西长安街构建生命全周期服务体系为例

摘　要：公共服务体系的建设，是我国政府在新时期、新形势下根据我国经济和社会发展的情况、为满足群众需要所提出的发展目标，2012 年国务院颁布的《国家基本公共服务体系“十二五”规划》对建立基本公共服务体系提出了相应的要求。本报告在理清公共服务相关理论的基础上，阐述并分析西长安街街道幸福家庭生命全周期服务体系，并结合国内外公共服务体系建设的实践，提出进一步推进街道公共服务体系建设的相关建议，以期全面提升西长安街街道公共服务水平。

关键词：生命全周期服务体系　长安幸福家园　西长安街街道

《国家基本公共服务体系“十二五”规划》对建立基本公共服务体系提出了要求，继而党的十八大更是要求加快健全基本公共服务体系，加强和创新社会管理，推动和谐社会建设。西长安街街道贯彻中央和北京市、西城区有关精神，深入推进社会服务管理创新，构建了“幸福家庭生命全周期公共服务体系”，为辖区居民提供“人口全覆盖、家庭全成员、生命全周期、服务全方位”的公共服务，有效提升辖区居民的幸福指数，促进社会的和谐稳定。

一 基本公共服务体系概述

（一）公共服务、基本公共服务、基本公共服务体系的内涵

1. 公共服务的内涵

“公共服务”概念最早是由莱昂·狄骥（Leon Duguit）于1912年提出的，他对“公共服务”的定义是：任何与社会进步相关的、促进社会进步的，不能由私人提供、只能由政府提供和控制的活动，就是一项公共服务，它具有除非通过政府干预，否则便不能得到保障的特征。这一公共服务的概念显然存在一定的局限性。此后随着经济学家对公共产品理论的深入研究，公共服务的研究逐渐演变成整个公共经济学及财政学的基础与主流。到了20世纪70年代末，公共服务成为公共行政学的核心内容之一，新公共管理运动的兴起把工商管理中的观念理念引入政府部门，以公众需求为导向，提高政府公共服务的效率与质量，凸显以人为本的理念。按照性质公共服务可划分为基本公共服务、混合公共服务以及政府管理私人部门所产生的管制性公共服务。

2. 基本公共服务的内涵

基本公共服务是从公共服务中衍生出来的，是一个外延广泛和不断变化的概念，同公共服务一样是随着经济社会发展而发展的。从2006年发布的《中共中央关于构建社会主义和谐社会若干重大问题的决定》来看，基本公共服务包括教育、社会保障、文化、就业、生态环境、公共基础设施和社会治安等；从“十二五”规划纲要来看，基本公共服务包括公共教育、就业服务、社会保障、医疗卫生、人口计生、住房保障、公共文化、基础设施、环境保护等。目前，关于基本公共服务的定义没有达成统一。有学者认为不应将教育、文化、卫生、

社会保障笼统地确定为基本公共服务，而是应将其中的基础科学研究、公益性文化事业、公共卫生和社会救济等归属于基本公共服务。还有学者认为基本公共服务定义要建立在一定的社会共识之上，根据国家政治、经济、文化等发展的程度和各种承受能力，保障公民生存和发展的权利。这一观点主要包括三个基本点：一是保障人类基本生存权或生存的基本需要，这需要政府提供基本就业保障、基本养老保障、基本生活保障等；二是满足人类基本尊严和基本能力的需要，这需要政府提供基本教育和文化服务；三是满足人类基本健康的需要，这需要政府提供基本医疗卫生保障。本报告认为我国现阶段基本公共服务应界定为医疗卫生（或者公共卫生和基本医疗）、基本教育（义务教育）、社会救济、就业服务和养老保险。

3. 基本公共服务体系概述

基本公共服务体系主要是指以政府为主导、为全体社会成员提供基本的公共产品。基本公共服务体系可分为四大类：基本民生性服务、公共事业性服务、公共基础性服务和公共安全性服务。2008 年 2 月，在中央政治局第四次集体学习时，对基本公共服务体系的建设构想包含三个层次：一是公共服务体系应建立在经济发展的基础上，根据经济发展程度和水平，逐步建设并完善。公共服务体系建设的指导思想是惠及全民和公平公正，但建设过程要把握水平适度、可持续发展的原则。二是基本公共服务均等化，是公共服务体系建设的长远目标，也是服务型政府建设的重要价值追求。应围绕逐步实现基本公共服务均等化的目标，协调处理好公共服务的覆盖面、保障和供给水平、政府财政能力三者间关系。三是公共服务体系建设的关键是创新公共服务体制，改进公共服务方式，形成公共服务供给的社会和市场参与机制。通过公共财政、社会组织、企业与家庭的合作，发挥和体现财政资金的公益性价值，提高公共服务质量和效益。

构建基本公共服务体系的意义。一是改善民生的需要。随着社会的技术进步和物质产品供给能力的提升，广大人民群众对公共服务的需求不断增长，推进基本公共服务体系建设，有助于提高人民的生活水平。加快公共服务体系建设，是经济社会发展到一定阶段的必然要求，是促进科学发展、社会和谐的重要内容。二是促进社会公平的重要举措。加快公共服务体系建设，实现基本公共服务均等化，有利于缓解收入分配差距、抑制利益分化进程、减少社会矛盾、促进社会和谐稳定发展。

（二）政府在基本公共服务体系建设中的作用

目前，我国正处于社会转型期，根据我国国情和中国特色社会主义的要求，政府在现阶段的基本公共服务体系建设中主要应该扮演三种角色——设计者、推动者、监督者。

一是设计者。我国政府在考虑地区差距、城乡差距、群体差距的现实基础上，提出了基本公共服务体系建设的发展目标，并制定战略规划和实施策略，有序地推进基本公共服务体系建设。具体来说，主要有以下几个方面的工作：明确基本公共服务的门类、结构和重点；制定动态的基本公共服务标准；制定基本公共服务体系建设的总体规划。

二是推动者。政府的权力与责任决定了其最终服务对象是社会公众，是社会公众的公共利益，这就意味着政府在基本公共服务体系建设中必须负有主要责任，政府应当成为基本公共服务体系建设的推动者。随着我国经济和社会的发展，政府在基本公共服务体系建设中的推动作用逐渐显现出来。随着基本公共服务体系的发展，不能仅仅依靠中央政府和中间层级政府的力量来推动，必须调动起基层政府建设基本公共服务体系的积极性。同时，还应注意，政府推动基本公共服务体系建设并不意味着由政府包办所有的基本公共服务。

三是监督者。在创新基本公共服务供给主体多元化和社会化的过程中，多元主体的参与和竞争机制的引入等在一定程度上打破了政府作为唯一供给主体的格局，提高了基本公共服务供给的效率，但是在此格局下政府必须要充分发挥好监督作用，确保基本公共服务供给的质量，在基本公共服务体系的建设中起到应有的配合和促进作用。政府在基本公共服务供给中掌握着信息和资源的优势，因此政府既要为社会基本公共服务供给主体创造一个公平、透明的环境，也要监督它们提供的基本公共服务在价格、质量等方面是否符合要求，在基本公共服务体系建设中扮演监督者的角色。

（三）社会组织在基本公共服务体系建设中的作用

社会组织以民间力量为主体，为社会提供教育、文化、卫生等领域的服务，一般不以盈利为目的，针对政府职能的欠缺提供必要的补充。在推进基本公共服务体系建设中，社会组织扮演着重要的角色。

一是供给者。社会组织为民众提供公共服务，满足人民的多元化需求。我国正处于社会转型期，这一时期也是公共需求快速扩张的时期。仅仅依靠政府的力量，难以应对社会需求多样化和利益格局多元化的趋势，不能满足数目巨大、种类繁多甚至彼此冲突的局部需要。这就需要社会组织参与其中并提供公共服务，以解决这样的矛盾。并且社会组织的产生本身就是社会需求和利益格局多元化的结果，其民间性、灵活性等特点决定它可以及时发现社会的新需求，并迅速、低成本地提供相应的服务。

二是沟通者。社会组织能在政府和人民群众之间发挥沟通作用。它更贴近于公众，具有草根性、广泛性等特点，更了解公众诉求，能反映不同群体利益需要。政府可以通过社会组织了解某些领域的情况和问题，进而做出正确的决策。社会组织也可以及时准确地反映不同利益群体的不同要求，将信息反馈给政府组织，为政府决策提供有效依据。社会组织还可以整合和协调公众利益，是重要的社会“润滑剂”和“缓冲器”，在一定程度上可以有效化解一些社会矛盾，促进社会的和谐稳定。

二　西长安街构建生命全周期服务体系，提升公共服务能力

北京市为逐步实现基本公共服务的全覆盖，2010 年发布了《北京市社区基本公共服务指导目录（试行)》，2015 年发布了《北京市2015 ~2020 年民政公共服务基础设施建设规划》等相关政策，对社区就业服务、社区社会保障服务、社区社会救助服务、社区文化教育体育服务等公共服务提出了相关要求。西长安街街道为贯彻落实北京市相关要求、提升居民生活水平，构建了生命全周期服务体系，以服务为核心，以社区为载体，立足街情，创新了社会服务管理模式，提升了居民生活品质。

（一）构建生命全周期服务体系是西长安街新时期发展的需要

1. 构建生命全周期服务体系的背景

家庭是社会的重要组成因子。保障和改善民生，促进社会和谐稳定。对于西长安街来说，必须从对提高家庭发展能力、构建覆盖生命全程公共服务体系的认识上开始，把做好家庭工作、促进家庭发展摆在突出的位置，切实研究、解决家庭发展中面临的新情况和新问题。

一是传统家庭的结构转型。数据显示，2014 年，截至 10 月底，

西长安街共出生新生儿 724 人，其中一孩 665 人、二孩 59 人。即使国家放开了单独二孩的政策，独生子女家庭也还是绝大多数。受社会转型期的巨大影响，当今的家庭呈现规模小型化、结构多样化、居住离散化的特点，这严重影响到家庭原有功能的发挥。因此，从长远考虑，打造从婴幼儿、青少年到老年的生命全周期的服务理念是以人为本公共服务体系建设的方向。

二是特定的时代背景。发达国家的人口发展史，也经历了家庭概念弱化的历程，长期的低生育率改变了家庭的人口基础，导致一系列的社会问题出现。目前我们国家也基本形成以“小家庭”为主的家庭模式，加之大量流动人口的涌入，空巢老人的日益增多，出现了许多“特扶家庭”，这些都对社会管理和公共服务提出了更高的要求，倒逼政府在政策层面针对家庭变迁提供相应的服务，同时也为政府在公共服务领域的作为提供了更大的空间。

三是建设“服务型”政府导向。国家和北京市先后出台了《国民经济和社会发展第十二个五年规划纲要》《关于政府向社会力量购买服务的指导意见》《2015 年中央财政支持社会组织参与社会服务项目实施方案》《北京市人民政府办公厅关于在公共服务领域推广政府和社会资本合作模式的实施意见》等一系列纲领性文件，为当前形势下推进公共服务建设、改善民生、满足居民公共需求提供了强有力的理论指导。

2. 辖区居民对生命全周期的各阶段的需求

针对老百姓在生命全周期各阶段的不同需求，街道对辖区居民开展了问卷调查。结合有关科学研究成果和问卷分析结论，总结了百姓在不同年龄段的需求。

一是婴幼儿智力成长的需求。幼儿 0 ~ 3 岁是人脑迅速生长的发育期，是人生中智力发展的最佳时期，也是良好行为及性格特点形成的最佳时期。人的大部分思想、习惯和智力是在 3 岁前打下基础的。婴幼儿潜力的挖掘，关键在于父母对孩子进行早期教育。视觉、听觉、触觉、味觉等接受的刺激越丰富，大脑的功能就越强，科学系统良性的教育能够最大限度地挖掘孩子的潜能。因此亲子教育在儿童身心发展方面起着先导、无可替代的作用。随着人们生活水平的不断提高，家长对于子女教育，特别是早期教育的重视程度不断增加。但政府在这方面的投入依然不够。现有社会早教资源匮乏、教育成本价格较高等，都是迫切需要政府给予关注和重视的领域。

二是青少年成长成才的需求。青少年的成长教育主要体现在生活习惯培养、学习习惯培养、青春期教育和自我保护意识等方面。在针对辖区内青少年生活习惯的调查中，家长们评价青少年在主动做家务方面做得很好的占22.4%，评价一般的占38%，较差的占10.5%。对于“如果孩子干家务需要给予物质奖励”这一观点，23%的家长认为这种做法很好，30%的家长评价一般。这反映出家长在教育子女养成良好生活习惯方面存在的问题。家长“包办”现象较为严重，有些家长对孩子说“你只管学习，只要学习好，其他的事情都不用管”，这种无限包办导致孩子生活自理能力较差、学习自制力较差，违背了素质教育对青少年全面发展的本意。另外在针对青少年学习情况的调查中，父母对孩子“学习刻苦程度”“写作业的表现”“学习是否认真”的评价结果显示，“很好”的分别占28.4%、34.3%、34.5%，“一般”的分别占36.5%、22.7%、22.8%，“较差”的分别占6.6%、5.95%、2.9%。由此可见，父母对孩子的期望与实际存在一定差距。很多家长对孩子青春期教育及自我保护意识教育较为担忧。由于当前中国的食品安全状况堪忧和媒体传播中存在的大量不适宜青春期孩子接触的内容，食品中大量激素的使用及媒体刺激使得孩子出现性早熟现象。家长们忙于工作而疏于与孩子的沟通交流、独生子女缺少玩伴、应试教育的压力等导致青春期教育问题日益凸显。在家庭成员关系方面，夫妻关系、亲子关系均有待改善，隔代教育产生诸多问题。调查中只有46%的夫妻认为自己与配偶的关系“很好”，15%的被调查者选择了“一般”或“较差”。在亲子关系调查中，“孩子顶嘴”“不愿意与家长说心里话”和“存在逆反心理”等现象较为严重，分别有34.8%、25.8%和34.4%的家长对孩子这些方面的表现评价为“一般”或“较差”甚至是“很差”。同时，目前存在隔代教育现象的家庭占街道家庭总数的约35%，老年人的溺爱和包办，给青少年的成长带来了隐患。

三是老年人的养老需求。老年人群体养老主要有照料需求、经济需求、健康需求、心理需求、工作需求、依存需求、支配需求、尊敬需求和求偶需求等。比如，照料需求，老年人在年老体衰或患病期间日常照料问题与家庭结构小型化矛盾日益突出，老年病患的特点是慢性病多、突发性强、危险性大，需要社会对其在日常生活上进行照料和护理。在家庭小型化的今天，高龄老人和卧床老人增加，由亲友照料的难度增加，老人们急需家务方面的服务。如何满足老年人的这些需求，对公共服务提出了挑战。

（二）西长安街构建生命全周期服务体系的主要做法

西长安街针对百姓的实际需求，准确把握区域功能定位，构建了“幸福家庭生命全周期公共服务体系”，依托“长安幸福家园”这一主要服务阵地，开展常态化的为民服务，同时在实践过程中不断摸索、总结经验，根据居民的需求对开展的服务项目、时间安排、课程设置、场地利用等进行更为科学的整合和调整。“生命全周期”以区域人口为主要服务对象，探索建立凝聚社会力量的工作机制，提供以“人口全覆盖、家庭全成员、生命全周期、服务全方位”为理念的家庭服务，全面提升西长安街街道公共服务水平。通过建立“一个阵地”“一个机制”，采取“六结合服务模式”，实施“六项工程”，打造“京城第一街道”品牌，努力提升居民的幸福指数，为促进社会和谐奠定基础。

1. 建立“一个阵地”

“生命全周期”的服务阵地——长安幸福家园成立于2012年7月，建筑面积1765平方米。家园分为“便民服务区”、“中老年活动及日间托老服务区”、“婴幼儿、青少年服务区”和“居民事务服务区”四个区域。“便民服务区”为周边托老所的老人及辖区居民提供周到、便捷、价格低廉的理发服务，为解决平房院洗澡难问题设立了浴室，配餐中心可根据老年人的身体需求提供就近及上门的餐饮服务，持居家养老券者可享受优惠。“中老年活动及日间托老服务区”可为老人进行心理及健康指导，中老年人参加电脑知识学习、棋牌室和手工艺室活动，既可学习、活动、用餐，也可以休息，享受到日托式幼儿园的生活。“婴幼儿、青少年服务区”的育婴中心是针对辖区0～3岁孩子进行测评及开展活动的重要场所，内设测评室、婴幼儿图书室、爬行室、活动室，向婴幼儿家庭全天免费开放，通过专业的儿童测评指导师完成测评活动，开展亲子活动，通过各种服务，使有0～3岁孩子的家庭受益率在85%以上。青春健康宣传长廊和“青春健康服务室”为“青春健康工程”提供日常活动场所；以青苹果悄悄话热线为依托，设立咨询室及咨询服务热线电话；联合北京市第二医院少男少女生殖健康关爱门诊，为青少年提供预约式性与生殖健康咨询、心理疏导、技术服务等配套服务。六部口社区居委会设在“居民事务服务区”，办公面积350平方米，设有一站式的公共服务大厅，方便居民办理日常事务。家园还设有图书馆，馆藏书籍6000余册、报刊27种，可供30人在这里进行阅读，并设有查阅电脑，方便居民在电脑上查阅政府的相关信息。

2. 完善“一个机制”

“生命全周期”坚持政府主导、资源整合、社会参与和家庭受益，以社会组织、专业机构为依托，以专家团队为支撑，构建政府提供基本公共服务与专业机构提供专业化有偿服务相结合的运行机制。一个机制保障了“生命全周期”的高效运转，以长安幸福家园为主，建立了十二大服务平台，包括街道文化活动中心、温馨家园、慈善超市、党员活动站、老年活动中心、流动人口之家、青春期教育基地、便民菜站、民防宣教中心、敬老院、社区卫生服务中心等；整合了街道人口和计划生育办公室、妇联、社会建设办公室、社区服务中心等相关科室，北京市第二医院等地区职能部门资源；引进了幸福泉亲子俱乐部等五家专业机构、百德社区等三个社会组织、健康你我他等八个专业志愿团队；先后邀请了北京大学、中国人民大学、南开大学等高校的多位专家学者担任顾问形成体系建设的合力。

3. 推动“六个结合”

“生命全周期”开展无偿服务与有偿服务、专业服务与志愿服务、常态服务与主题服务、硬件建设支撑服务与机制建设保障服务、便民服务与情感服务、直接服务与牵线搭桥服务“六结合”的服务模式，将由政府提供无偿的基本服务与专业化有偿服务结合起来，构建“生命全周期公共服务体系”，使辖区内居民就近享受从新生儿到老年人不同年龄段、不同群体的社会服务。

构建“生命全周期公共服务体系”需要建立在对不同阶段家庭的特点和任务充分认识的基础上，真正了解百姓的需求，才能切实做好服务。“生命全周期”覆盖社区居民的整个生命周期，从出生到死亡整个过程，生命全周期分为八个阶段（见表1），街道根据不同的任务和要求，提供不同的服务。

表1　生命全周期的八个阶段

阶段	任务和要求
1. 家庭组成阶段 新婚期	脱离原生家庭，组成新的家庭，形成夫妻角色分工与规则；发展相互满足的婚姻生活，怀孕及适应彼此的亲戚网络
2. 学前子女家庭阶段 育儿期（孩子出生到3岁）	建立父母角色（适应子女的诞生、成长）；调整夫妻角色
3. 学龄子女家庭阶段 学龄前期（孩子3～6岁）	培养孩子的独立性；对学校等社会机构和社会成员保持更大的开放性；接纳家庭角色的变化
4. 学龄子女家庭阶段 学龄期（孩子6～13岁）	有学龄子女的家庭以建设性的方法适应社区的生活；鼓励子女教育上的成就
5. 青少年子女的家庭阶段 青少年期（13～20岁）	为子女独立生活做准备；接纳和促进子女的独立要求；青少年在自由与责任之内取得平衡；发展中年父母的兴趣和工作
6. 家庭调整阶段 空巢期（子女离家）	成年子女离家就业、服兵役、上大学、另组新家庭等，重新调整夫妻角色；接受孩子独立的成人角色；维护支持性家庭关系
7. 中年夫妇家庭阶段 中年父母期（空巢到退休）	适应新的、不以子女为中心的角色要求；新的婚姻关系重建；维护老的及年幼的亲属关系（放手让孩子独立——重新面对彼此）
8. 老年家庭阶段 （退休到双亲死亡）	因丧偶而独处，亲近家人或适应老年生活，适应退休生活

4. 实施“六项工程”

“生命全周期”针对不同年龄段、不同家庭情况实施家庭人口文化建设工程、宝贝计划工程、青春健康工程、健康生育工程、生育关怀工程、特扶助老工程。家庭人口文化建设工程主要倡导形成家庭和美、邻里和气、社区和睦的良好氛围，通过举办家庭文化论坛、设立非遗展室、建立各类型活动室、与教育机构合作等形式，促进居民身心健康、家庭和谐幸福；宝贝计划工程依据婴幼儿身心发展规律建立育婴指导中心，针对婴幼儿家庭开展亲子活动、提供专家咨询和婴幼儿体格智能测评服务，为婴幼儿建立成长档案，开展宝宝秀活动，举办家长论坛，建立婴幼儿图书室，依托幸福泉亲子俱乐部、北京慧源心理与教育研究中心开展专业化的亲子活动；青春健康工程主要针对辖区内青少年开展服务，由专业人员深入社区、学校开展青春期同伴教育，开通咨询热线，设立“青苹果”咨询室，开设青春期教育大讲堂，在北京市第二医院开设少男少女生殖健康关爱门诊；健康生育工程是针对未婚青年和已婚育龄夫妇开展的优质服务工程，通过“幸福宜家”网站会员实名制服务，为未婚青年开展联谊活动，为已婚待孕夫妇开办“健康生育快乐园”讲座，为孕妇开展“漂亮妈妈健康沙龙”等孕妇学校讲座，为辖区困难家庭中新婚待孕人员开展免费孕前优生检查；生育关怀工程以生育传承希望、关怀相伴和谐为行动理念，深入推进“红墙助学”工程和“幸福工程——救助贫困母亲行动”，帮助独生子女零就业家庭就业，深化“流动人口心连心”行动，组织计划生育特别扶助家庭郊游、体检，通过温馨家园对伤残子女进行康复训练和生活技能培训；特扶助老工程针对辖区独居老人、空巢家庭、特扶家庭提供老年餐饮、美容美发、洗浴、日间照料等便民服务，向老年人提供多发病防治咨询、心理咨询等精神慰藉服务，提供棋牌、手工制作、计算机应用等文化娱乐服务，建立助老服务中心，向“家家福宁家政”“京宛清泉洗浴”等机构购买低偿便民服务。建立家庭健康指导室，由社区卫生服务中心全科大夫定期坐诊。建立心灵家园依托志愿者手拉手、健康你我他两支团队开展志愿结对子服务。

（三）西长安街构建生命全周期服务体系取得的成效

2014 年在长安幸福家园运营一年半之后，西长安街围绕六项工程，将幸福家园的服务项目调整为 25 项，共有 13958 名辖区群众享受到了实实在在的服务。同时将志愿者的培育作为幸福家园工作的一个重点，通过海报、《长安街时讯》、地区单位推荐和居民之间的引荐，当年内共有包括中宣部等大单位在内的26名志愿者长期在幸福家园为辖区居民提供志愿服务。国家、市、区等各级相关部门领导先后29批424人次考察长安幸福家园，对以创建长安幸福家园为载体探索社会服务管理创新、整合各类社会力量服务改善民生的实践给予了充分的认可。

西长安街依托“长安幸福家园”载体，全方位开展家庭生命全周期公共服务。“人口全覆盖、家庭全成员、生命全周期、服务全方位”的理念已经在长安幸福家园扎根。在幸福家园运行两周年之际，举办了“人口文化宣传月”活动，一方面，总结回顾家庭人口文化建设服务民生的成果，展示幸福家园生命全周期服务体系带给居民生活的变化；另一方面，展示幸福家园志愿服务模式，通过活动体现志愿老师发挥的作用，以及幸福家园“政府搭台、群众唱戏”的服务模式。“生命全周期公共服务体系”为各年龄段提供专业的服务，并在2014年取得了较好的成效。

一是扩大了幼儿早教服务的覆盖面。为辖区130名0～3岁儿童进行早教测评。年内借阅儿童图书1000人次，儿童图书室受到地区家长和孩子的欢迎。坚持对新生儿入户走访，并送去“促进儿童早期发展大礼包”，宣传倡导科学育儿知识，促进幸福家庭的创建工作，举办两场主题亲子游园活动暨“我健康，我成长——2014年西长安街·幸福家园亲子欢乐会”，共有80个家庭受益。充分利用区计生委师资力量为辖区有需要的家庭开展0～3岁儿童早期发展大课堂4期，有324位0～3岁家长及监护人参加了此次听课。

二是帮助解决了青少年青春期生理、心理健康问题。为青少年提供预约式“性与生殖健康”咨询，以及心理疏导、技术服务等配套服务。利用寒暑假举办形式多样的活动、开展“青少年同伴教育活动”，在丰富青少年假期文化生活的同时，增进合作团队意识，提高动手、协调等综合能力，共组织参观科技馆、海洋馆、学习急救知识等各类青少活动20余场，参与人数400余人。

三是促进了健康生育。为已婚待孕夫妻开办11期“健康生育快乐园”讲座，普及生殖、孕前知识，惠及638人次；为辖区120对困难家庭中新婚待孕人员免费进行孕前优生检查。与相关部门联手，慰问走访困难家庭151户，让计生家庭“解困脱贫”。

四是满足了老年群体的需求。为地区312名老年人提供免费健康体检。为老年人提供休闲场所，开办手工制作、电脑、绘画、摄影等多个兴趣班并为老年人免费提供服务。将所有失独家庭纳入帮扶范围，继续与专业社工组织合作，通过政府购买服务的方式，为失独人群提供针对性极强的服务，并通过每月电话问询、入户探访，及时发现他们的需求。依托社会组织和社区服务中心、医疗机构，通过送餐、陪伴就医、健康体检、日间托老等方式，对老年人给予日常生活悉心帮扶，受益老人305人次。免费为62户失独家庭上了意外伤害保险，解决了他们的一部分后顾之忧。

三　对西长安街构建生命全周期服务体系的对策建议

西长安街构建生命全周期服务体系，为群众提供了就业、教育、医疗、社会保障等公共服务，但在满足群众实现更高层次的追求上还可以有更大作为，街道要深入推进社会服务管理创新，不断完善“生命全周期公共服务体系”。

（一）探索政府购买服务的方式，优化服务模式

政府将工作重心由“权力”转向“责任”，由“管制”转向“服务”。发挥市场经济的作用，变“强政府、弱公民”为“小政府、

大社会”，向居民提供基本公共服务。通过政府购买与深化合作，向居民提供一定的有偿服务。动员社会组织的力量，拓展为民服务空间，为居民提供志愿服务，不断完善生命全周期的服务项目，针对不同人群量身定制不同的服务项目，形成有效的运行和服务机制。引入第三方专业服务机构参与幸福家园运行，优化服务模式，拓展服务内容。首先，明确政府购买公共服务的范围。对不涉及公权力行使的公共服务职能，除法律、法规或者规章明文禁止外包的以外，允许行政机关采取购买服务的方式从民间机构获取。其次，建立成本效益分析制度。对于公共服务项目，应当在实施外包前，进行成本效益的分析评估。再次，对政府购买服务的程序进行规范，主要包括项目招标、合同管理等方面的规范。最后，鼓励和扶持社会组织的发展。社会组织作为提供公共服务的主体，政府应当采取措施扶持社会组织发展，鼓励社会组织参与公共服务的供给，提升社会组织的服务能力。

（二）建立信息化服务平台，规范服务标准

建立虚拟服务平台，使实体服务与虚拟服务结合，扩大服务覆盖面。通过政府引导，开通热线电话、建立指挥平台、第三方企业加盟，采用市场运作、社会参与的方式，优化社区居家养老服务。例如，老年人通过拨打服务热线提出各类服务需求，指挥平台根据老人所需向企业发出服务指令，服务企业在接到指令后派出服务人员上门服务，从而为老人提供规范化、标准化、专业化、亲情化的服务。从服务确认到服务跟踪、服务评价、质量反馈，再到企业派单统计、费用结算，整个工作流程都是通过指挥平台统一调度，真正实现服务平台的信息化。

（三）建立科学合理的公共服务监管体系，完善相关制度

提升基本公共服务的水平和质量，需要建立相对完善的基本公共

服务监督机制来保证公众的切身利益。可以逐步建立服务提供者定期信息报送制度、政府定期检查制度及第三方评估和专业机构审计制度等，还可以建立专门的监管部门，对自身的履约情况进行实时的跟踪评价，及时纠正偏差，确保高质量地满足顾客的需求。引导社会公众共同参与对基本公共服务的监督，从制度上保障公众参与服务监督的权利，同时建立广泛的公众参与渠道。另外，还要完善基本公共服务相关主体的问责制度，增强服务过程中的规范性及可操作性。充分落实执政为民的理念，促进基本公共服务体系的建设。

参考文献

徐玉钦：《“以人为本”是建立公共服务体系的指导思想》，《和田师范专科学校学报》2011 年第 4 期。

郁建兴：《中国的公共服务体系：发展历程、社会政策与体制机制》，《学术月刊》2011 年第 3 期。

郑卫东：《上海市政府购买公共服务研究探析》，《招标与投标》2013 年第 4 期。

北京市西城区人口计生委、西城区计划生育协会：《探索计生服务新模式，构建生命全周期公共服务体系——北京市西城区“长安幸福家园”工作纪实》，《人口与计划生育》2014 年第 9 期。

榆林市决策咨询委员会：《构建以人为本的公共服务体系》，《榆林日报》2011 年 12 月 24 日。

徐逸伦：《地方政府建设公共服务体系路径研究——以上海浦东新区为例》，中共上海市委党校硕士学位论文，2011。

北京市社会建设工作领导小组办公室：《关于实施〈北京市社区基本公共服务指导目录（试行）〉的意见》，http：//www. bjshjs. gov. cn/86/2010/10/18/23@3576. htm，2010 年 10 月 18 日。

调 研 报 告

Survey Reports

B.6

关于西长安街社区工作体制机制改革的调研报告

摘　要：　为了进一步理顺社区治理体制，创新社区工作机制，提升社区治理能力，有效应对社区居民不断增长的物质文化需求给社区带来的诸多挑战，本报告在对西长安街街道“社区工作体制机制改革”调研的基础上，系统分析西长安街街道社区工作体制机制改革面临的问题、开展的工作和取得的成绩，提出推进社区体制机制改革的相关思考和建议，以期对完善我国社区体制机制的改革有一定的借鉴意义。

关键词：　社区体制改革　社区服务　西长安街街道

一　社区工作体制机制改革是治理能力现代化的需要

社区是城市延续的最基层，也是人民群众的经济、政治、文化等权益实现的起点。作为城市基层治理体系及治理能力现代化建设的重要内容，强化社区治理和服务工作创新、改革社区工作体制对全面建成小康社会具有重要的意义。近年来，随着社会利益结构、社会组织方式及社会关系的变化，社区居民的主体意识越来越强，同时对社区服务水平的要求也越来越高，社区在社会生活中的重要性日益突出。然而，社区承担的服务和治理任务越来越重，同时由于人、财、物等方面存在的困惑和难题，基层社会治理和服务工作相对滞后，制约了社区功能和作用的有效发挥，现有的工作机制和工作模式阻碍了社区的建设与发展。

（一）体制之困：社区泛行政化严重

目前，社区居委会的工作情况是人手一台电脑，处理着来自街道办事处下沉的各种行政任务，以及不同的电子文档，俨然变成一个小机关。社区的工作者本应走访社区，了解社区的各种情况，成为政府和居民沟通交流的桥梁。然而，本来不该社区承担的任务下放到社区，街道所有需要落地的政策都要社区来完成。繁重的行政化工作占据了社区工作者大量的时间和精力，社区居委会也失去了其自治的功能。社区工作环境、工作任务与保障机制和待遇不匹配的工作模式，导致社区工作者的工作压力不断增加。

（二）人员之困：保障不完善职业认同感低

加强社区建设，关键在于建设一支新型的社区专职工作者队伍。然而，目前国家颁布的职业分类中没有将社区专职工作者列入其中。

根据我国《城市居民委员会组织法》的规定，社区居民委员会属于群众性的自治组织，也是我国城市基层政权的重要组成部分。条文中没有对社会工作者的身份做明确的规定，在填写相关资料时，社区工作者的职业一栏一直是“其他”。职业身份的不明确导致社区工作者的资格认定和职称评定难以解决，缺失晋升机制。职业身份不明确，社会管理机制和保障机制不完善导致社区专职工作者队伍对所从事的工作缺乏归属感，使得社工特别是年轻的社工大量流失，这是建设新型社区专职工作者体制面临的一个挑战。

（三）治理之困：多元主体治理局面尚未形成

十八届三中全会的《中共中央关于全面深化改革若干重大问题的决定》首次使用了“社会治理”一词。“社会治理”与“社会管理”虽然一字之差，但是意义大不一样。从行为主体的角度看，治理更为强调主体的多元参与，将政府的“强制管理”转变成“主动服务”。从行为结果的角度看，多元参与更助于社会事务的高效解决，也更能突出民主自治的行为理念，为此社区工作者应紧扣“创新社会治理体制”这条主线，积极改进社会建设方式方法，变管理为服务，变包办为协调，从源头上转变观念、创新机制、改进作风，有效提升各项工作的实践效能。

“小社会、大政府”的模式下，政府什么都管，虽然是在市场经济体制下，但是很多决定仍有计划经济的痕迹。现在要向“大社会、小政府”转变，政府仍然是社会公共管理的承担者，但是政府、社会、个人等不同的行为主体之间会形成一种良好的合作关系，这样会促使更多的关心公益事业的行为主体出现。党的十八届三中全会提出，“要不断地激发社会活力，正确的处理政府与社会的关系，加快政社分开，推进社会组织明确权责，把适合社会组织承担的公共服务应交由社会组织承担”。通过购买服务的方式让社会组织参与社会治理，让专业的人去做专业的事情。对于社区来说，社区服务站就是政府购买公共服务的一个最直接的体现。社会治理的多元参与呼唤社区转变现有的服务工作体制机制。

二　西长安街街道五大举措推进社区工作体制机制改革

针对社区建设存在的这些问题，西长安街街道积极探索社区工作体制改革，围绕社区建设和社会服务治理创新工作，不断开拓创新。创新工作机制方面，通过探索成立四大委员会，深入开展政务能力建设年活动，制定“社区考核评价体系”，规范社区公共服务大厅建设，实施街道社区工作人员双向挂职等措施，取得了社区治理多元高效、行政服务便民利民、居民自治广泛参与的效果。

（一）建立四大委员会，整合社区资源破解治理难题

社会治理的重点是提高社区的自我管理、自我服务的能力。为充分发挥社区在动员居民参与、服务居民群众、协调利益关系和维护稳定等方面的主体作用，西长安街街道在北京市社区六大委员会架构的基础上，在社区党委的领导下，依靠社区自治平台，成立了四大委员会。由党群工作委员会、综合治理委员会、城市管理委员会和民生保障委员会组成的四大委员会，覆盖了社区层面的所有工作，通过有效整合辖区资源，破解社会治理当中遇到的一些困难、瓶颈和难题。四大委员会发挥收集采纳、商议研判、统筹协调和监督反馈这四大职能的作用，在很大程度上使街道遗留的一些老旧的难题得到有效的解决。

加快推进社会组织发展，培育发展社区社会组织，是探索社会组织向社区延伸服务、提高社区自治功能的新途径、新模式。西长安街街道按照十八届三中全会的精神，积极整合区域资源，引进和培育社

会组织参与社会治理服务，试行社区综合受理制度和社区工作者弹性工时制度，推广社区“预约式服务”，加强社会组织培育和社工队伍管理，精心打造“西长安街街道百姓生活服务中心”，提高服务群众的覆盖率和满意度。

（二）开展政府能力建设活动，规范和提升服务事项

为加强社区效能建设，进一步增强工作的透明度，规范行政服务事项，提高服务质量和办事效率。西长安街街道深入开展政务能力建设年活动，加强政府权力公开运行，开展国家级行政服务标准化试点工作。2014 年，义达里社区代表北京市接受国家行政服务标准的试点验收，并顺利通过，形成了具有西城区特色的街道。社区制定了行政服务通用基础标准体系、《服务业组织标准化工作指南》和《社区办事指南手册》。据不完全统计，社区各种服务事项，按照不同的统计角度和标准最多可达 200 多项。西长安街街道通过国家行政服务标准化建设这项工作，将社区服务事项进行充分的归纳整理，最终整合成为 40 项公共服务的项目内容，并且制定了公共服务项目《社区办事指南手册》，下发到社区，让所有的社工学习，参照标准为社区居民办理业务，规范和提升服务事项和标准，让社区工作人员腾出更多的时间来组织居民自治，实现了“一人多岗、一岗多能”的目标。

（三）制定社区考核评价体系，规范社区管理与建设

加强考核评价，规范社区管理，结合《北京市西城区社会建设文件汇编》《西城区社区工作者管理制度汇编（试行）》《西长安街街道办事处制度汇编》等文件的规定、精神，制定针对社工个人的绩效考核标准，有效实现对社工个人的考核，以考核带动社区工作者个人综合素质和业务能力的提升，带动社区建设工作水平的提升。西长安街街道结合机关科室、社区的反馈意见，通过充分调研，出台了

《西长安街街道社区考核评价体系》。在考核的时间方面，由原来的一年一次改为一年四次，由业务科室、站队所及社区居民三方对街道的13个社区各项工作进行考核打分，按照得分高低对社区进行排名排序，及时查找不足，改善社区工作方法，提高社区工作效率。在考核的内容方面，根据街道每年的重点工作和自上而下的工作部署，及时地进行调整，包括分值的权重、分析等，力求更好、更准确地贴近社区的实际工作，做到公平公正公开。

（四）规范社区公共服务大厅，提升服务水平和能力

社区公共服务大厅是社区形象的一个展示窗口，也是街道各项行政服务工作的深化和延伸。“十二五”期间，街道不断加强培训，提升服务能力和服务环境。西长安街街道大力推进服务大厅的改造，多数社区已经达到了相关的要求和标准，服务岗位和设施都齐全。大厅整合服务标准，完善日常管理制度、工作人员行为规范、大厅厅长及值班长值班制度等，形成了大厅规章制度汇编材料。大厅工作人员主动亮身份、亮标准、亮承诺，牢记自己是“红墙人”，将“红墙意识”、服务意识贯穿到工作始终。在工作中始终坚持“五个一流”（塑造一流的精神风貌、营造一流的和谐环境、打造一流的工作标准、创造一流的工作业绩、锻造一流的干部队伍），以“5S”精益服务为标准，扎实推进行政服务体系建设。提高工作人员的宗旨意识、大局意识、服务意识和职责意识，增强转变作风的自觉性，以“三严三实”为准则，不断提高服务群众的能力。

（五）探索街道社区双向挂职，拓宽社工的向上渠道

为进一步筑牢街道各项事业全面发展的根基，创新人才激励机制，为年轻有事业心的社区工作者提供晋升空间，西长安街出台《西长安街街道机关干部、社区工作者双向挂职锻炼管理办法（试行）》，实行

街道机关干部与社区工作的双向挂职，通过优秀干部的交流互换，增进街道与社区的了解，提高社工全面分析、研究、协调问题的水平；组织社工到其他街道、社区参观学习，拓宽社区工作者视野，提升工作效能；强化对社区工作者的业务培训，进一步增强社区工作者的凝聚力、创新力和向心力，促进社区工作者之间的交流沟通，提高社工团队的协作能力，组织社区工作者参加野外拓展训练。通过挂职锻炼，加强街道机关干部队伍和社区工作者队伍建设，拓宽机关干部和社区工作者锻炼渠道，建立健全锻炼培养长效机制。

三　西长安街街道社区工作体制机制改革的思考与建议

西长安街在推进社区工作体制机制改革的过程中，之所以能达到政府服务前移、社区自治取得实效、居民群众得到实惠的效果，主要得益于以下三个方面。

（一）完善架构，凝聚社会多元参与的治理格局

社区是城市社会治理的基础，在社会治理中具有不可替代的重要作用。抓好社区建设，要完善组织机构框架，充分发挥组织机构的统筹协调作用，只有这样才能组织起各种资源和力量，协调好各方面的利益关系，形成社区建设的合力，提高引领社会、组织社会、治理社会、服务社会的能力和水平。西长安街构建党委领导、政府负责、社会协同、公众参与的社会治理格局，充分利用社会协同和社会参与的关键点，使政府治理与居民自治有机结合，特别是积极购买社会服务探索形成各方面推进社区治理的整体合力，让专业人员办专业事，使加强社区建设的各项工作落到实处、取得实效，为加强新形势下社区体制机制改革奠定群众基础。

西长安街街道要充分运用好辖区内中央机关单位、人民团体等资源的优势，发挥好基层自治组织、人民团体、企事业单位的协同作用，逐步推进社区治理的规范化和专业化。动员人民群众依法合理地参与社区治理，增强公民的责任感和参与意识，在社区内逐渐形成自我治理、自我服务、自我发展的强大合力。探索建立由党组织、居委会、业委会、物业公司、社区民警、社会组织、志愿者、居民等各方代表参加的联席会议、议事厅等协商议事的制度，畅通群众的利益表达渠道，协调解决社区各类矛盾，大力培育社区社会组织，开展多种多样的邻里活动，及时捕捉社区不同类型的、能引起居民参与欲望的共同话题，吸引并发动更多居民投身到社区建设当中来。

（二）规范服务，探索“5+2”×“8+1+1”工作模式

社区是居民生活最重要的场所，也是最终的落脚点。随着社会转型和政府职能的转变，我国越来越多的“单位人”变成“社会人”，其中由政府承担的社会治理和公共服务职能不断地向社区转移，社区的“兜底”功能日益凸显。只有进一步规范社区的服务职能，强化社区考评，才能更好地服务于广大社区居民。西长安街街道顺应新形势，重新整合社区服务事项，加快社区公共服务大厅的建设，完善社区服务考评体系，提高社区服务居民的能力，得到了居民的广泛认可，为新形势下社区治理和服务创新探索了有效途径。

进一步推进社区工作体制机制改革，西长安街街道可推行“错时移位”工作机制，在时间和空间上拓展服务。在工作时间上，可实行“5+2”×“8+1+1”工作模式。“5+2”模式，社区每周正常上班的工作时间由“5个工作日”拓展为“5个工作日+2个双休日”；“8+1+1”模式，是指社区在一天法定工作时间8小时的基础上，上下班时间再分别前后拓展1个小时。在工作空间上，可离开居委会、服务大厅、服务站等固定的办公场所，将办公地点向小区、楼

栋、大院延伸，提供就近服务、上门服务，建立“固定便民服务点”+“流动便民服务点”的工作服务平台。根据各小区、楼栋、大院的实际情况和服务对象的具体需求，探索实行需求定制服务，服务人员定期或不定期到小区、楼栋、大院、居民家中，开展便民服务工作，实现零距离沟通、零距离服务。

（三）强化保障，解除社工的后顾之忧，拴心留人

社区工作人员是保证社区各项服务职能正常运转的基础。目前，北京市的社区工作人员主要是以职业化和专业化的高学历人才为重点，不能把热心居民事务、有能力组织大家、代表大家的人选出来，这与居委会的人员需求难以吻合，所以他们往往不会开展也难以开展居民自治工作。社区工作者的待遇和工作的体面感都偏低，难以吸引和留住人才。只有提高社区工作人员的待遇，探索年限晋升工资制度，让了解社区情况的“大妈”和朝气蓬勃的大学生互相配合、取长补短，才能促进社区服务工作的专业化、职业化和规范化。西长安街通过探索街道公务员和社区工作者交流挂职，让社区工作者进入街道学习锻炼，为新形势下社区治理人才的专业化、职业化、规范化提供了保障。

参考文献

毛莉、李玉：《从“管理”到“治理”》，《中国社会科学报》2013 年 11 月 22 日。

李冈：《探索街道社区社会管理体制改革——以内蒙古包头市青山区为例》，《行政管理改革》2014 年第 1 期。

王兴华、霍克；《加强和创新社区管理体制改革》，《新长征》2011 年第 12 期。

B.7
关于西长安街老旧小区“准物业”管理的调研报告

摘　要：　近年来，随着人们对生活质量和居住环境要求的提高，老旧小区的环境问题成为社区管理中的棘手问题。“准物业”管理是破解老旧小区物业管理难题的一把钥匙，也是街道的一项利民惠民的民生工程。西长安街从街道的社区实际出发，发挥准物业管理模式的优势，实行“社区服务＋物业管理＋居民自治”和社区网格化的管理模式，有效解决了老居民小区管理基础设施差、管理不到位等诸多难题，实现了社区管理“维护养护专业化、管理档案信息化、安全保障全天化、环境保洁精细化、按需服务人性化”的目标。

关键词：　“准物业”管理　老旧小区　社区管理　西长安街街道

一　“准物业”管理产生的背景

随着社会经济以及房地产业的快速发展，新建小区都实行了专业化、规范化和市场化的物业管理，为居民提供了良好的居住环境。但是一些老旧小区由于建设年代久远、规划设施落后，出现了公共设施不健全且环境秩序混乱等现象，大多老旧小区都存在环境较差、秩序混乱、私搭乱建等现象，与新建小区干净整洁的环境形成了强烈的对比，居民群众的反应非常强烈。在这种情况下，出现了由街道、社区提供的准物业管理服务，也是目前在老旧小区大力推行的方式。如何落实老旧小区的物业管理，改善居民的生活环境是我国城市社会建设中亟须解决的问题。社区的物业管理是一大民生问题，与百姓的生活密切相关，关系到百姓的安居乐业，影响百姓生活的幸福指数，事关社会的稳定发展。

物业管理，一般是指受物业所有人的委托，签订物业管理合同，对小区内的房屋建筑、公共设施、卫生、绿化等项目进行定期的维护和修缮，为使用者和物业所有者提供的一种有偿服务，是以盈利为目的。“准物业”管理，主要是指在一些功能配套不全、设施设备落后、缺乏长效管理机制的老旧小区实施的一种管理手段，类似于物业管理但是又与纯商业的管理模式不同。老旧小区的“准物业”管理模式是每个社区根据自身的特点而形成的，是一种根植于我国老旧小区环境和文化的有益探索，“准物业”管理有利于实现城市的精细化管理，使老旧小区的人民群众能够更好地享受到改革发展的成果，不断提高自身的生活水平。

二 西长安街“准物业”管理的基本情况

北京市西城区西长安街街道的部分小区由于建设年代早、规划设计标准较低，是硬件配套差、弱势群体集中的区域。普遍存在排水不畅、道路失修、基础设施不全、私搭乱建严重、小区环境脏乱差等现象，尤其“四多一低”（老人多、低保户多、下岗失业人员多、流动人口多，经济收入低）的人群集中。“准物业”管理在街道的统筹下，符合社区的实际现状，街道本着“管理无盲点、服务无挑剔、业主无怨言”的理念，充分发挥了街道各职能部门的积极作用。“准物业”管理成本相对较低，群众认可度高，是老旧小区管理的一种有效模式。加强居住小区的物业管理，改善居民生活环境，成为群众普遍关注的热点问题。居民迫切要求加大整治力度，实现长效管理。西长安街街道把民生问题摆在建设和谐社区的首要位置，加快建设全面小康的步伐。

西长安街老旧小区较多且长年居住着退休老年群体和低收入人群，小区普遍存在基础设施薄弱、物业管理不善等问题，居住的生活环境差和生活质量低，存在大量的保洁、取暖、停车等问题。特别是随着住房的市场化，老旧小区产权逐步多元化，小区环境维护缺位和管理资金有限导致管理水平较低和管理功能缺失，这使得老旧住宅小区人居环境与新建住宅区形成强烈的反差对比，成为影响城市形象和品位的“死角”地带。西长安街针对老旧小区的管理问题，按照“属地管理，分类指导，条块结合，以块为主”的原则，由办事处组建企业性质的社区物业服务中心，对辖区实行“准物业”的管理模式。街道根据辖区内低收入家庭的实际收入情况确定物业收费标准和服务标准，不以盈利为目的，亏损部分由政府补贴，其实质是社区管理的福利化。建立由社区负责的组织保障体系、明确“准物业”管理服务的内容和标准、明确工作职责落实管理服务人员、加强从业人员培训教育监督考核、落实“准物业”管理工作的经费来源和实施停车收费管理试点等。“准物业”管理模式为老旧小区的建设管理提供了路径选择，将社区居民自治和专业化公司服务结合，为辖区提供清洁、绿化、停车等方面的服务，有效改善了老旧小区的人居环境。

三　西长安街“准物业”管理的实践探索

（一）“社区服务 + 物业管理 + 居民自治”的管理模式

西长安街全面推行了社区“准物业”管理模式。着力加强对胡同管理机制的探索研究，在灵境小区和光明胡同实行了“社区服务+物业管理+居民自治”的管理模式。在社区建立物业维修咨询服务站，通过规范社区的房屋维修、环境绿化、治安巡逻、交通疏导等服务内容，建立业主民主协商、利益平衡机制，实现社区管理“维护养护专业化、管理档案信息化、安全保障全天化、环境保洁精细化、按需服务人性化”的目标。组建环境问题快速处置小分队，建立了环境问题从发现到解决不超过15分钟的快速处理机制，对新生违建，实现24小时快速拆除。在住宅小区实行网格化的管理，由社区主任负责，在社区的统一领导下，将小区按区域划分成若干板块，配置一定数量的社区工作人员集中负责相应区域，分别对小区物业管理中居民投诉、邻里纠纷、水电费收缴等事务具体包干负责，不断规范小区管理运行机制，形成一体化的管理和服务，使社区的“准物业”管理工作稳步有序扎实地开展。“准物业”管理的基本服务内容包括保安、保洁、绿化和维修，对这“四线”采取分线负责、统一指挥的管理体制。“社区服务+物业管理+居民自治”的管理模式，有效地发挥了街道的组织协调监督作用，提升了社区服务在居民中的信任度，引导居民主动参与胡同的物业管理，将物业管理与居民自治和社区服务有机结合，使居民享受到快捷、便利、周到的服务。

（二）居民自管与政府扶持相结合

“准物业”管理的服务是半公益性质的管理服务，政府补贴一部分资金作为社区建设的经费保障。社区针对西长安街西交民巷居民自发组织的各种团队，每年拨付一定资金作为活动经费，配置活动的摄影摄像和音响设施等，经费由相应的队委会统筹管理。根据居民不同的兴趣爱好，组织居民参与不同的团体，开展自治性、团队性、组织性的活动。比如社区开办了文明市民学校、老年书画社、图书室、温馨之家等便民服务项目，成立乒乓球队、红墙京剧社、摄影书画社、老年合唱团、太极拳队和健身舞蹈队等。社区对这些团队实施总体的管大局、把方向。社区主任统一指挥协调，其中保安设专职保安队伍管理，实现门岗24小时值班和小区内16小时巡逻管理。

西长安街“准物业”管理逐步形成了以“以人为本”为核心，以社区百姓生活服务中心、温馨家园、社区睦邻之家平台为载体，为居民提供全覆盖、人性化、个性化服务的物业管理长效机制。在社区“准物业”管理模式下组建了为老服务队、环保保洁队、绿色护养队、平安保安队、便民利民队、协老爱幼队六支服务队伍，队伍成员包括退休的老党员、退休的工厂企业职工、机关退休干部、在校大学生志愿者等，其与社区居民自治小组共同对社区存在的乱贴广告、随意倾倒垃圾、乱停放自行车等不文明行为加以制止、发现违法违章建筑并协调相关执法部门管理。通过常态化的运行，小区在环境整治、日常保洁、治安力度、便民服务等方面有了显著改善，努力做到“居民事，无小事”。对居民的居住需求进行了调查；通过居民代表大会选举小区管理委员会成员；建立小区管委会章程、工作制度、居民公约等。

（三）居民自管与市场机制相结合

西长安街由于胡同多、路面窄，面临着停车难、环境乱等诸多问题，为改善社区居民的居住环境，实行辖区精细化管理。西交民巷社区初步实行平房“准物业”管理模式，聘请西长安街房管所进行管理，实行停车、绿化、保洁、治安“四位一体”精细化管理模式。由第三方物业保安服务负责平房区的全方位日常管理工作，包括：维护社区胡同内的交通、停车秩序，引导居民有序停车；对胡同内绿植景观进行养护，通过居民绿植认养制进行养护；对胡同内市政管线设施进行巡查管理，及时发现和处理问题；监督胡同内渣土、违法建设情况，第一时间发现、上报，并及时清理和制止等。通过日常巡查、管理，对各种城市管理问题早发现、早制止、早上报、早解决。同时对第三方物业服务，采取政府购买服务、居民免费享受的方式，真正做到管理精细化、服务全响应。街道探索新路径，将门槛较低的停车管理岗位提供给居民，并实行有偿服务，将专业性较强的服务外包给专业机构，保障服务质量。整合小区的人力、物力和财力，为小区管理提供可持续动力，降低管理成本。依托全新的管理模式，小区呈现景观布置精细化、便民服务精细化、文化生活精细化的特色。通过委托第三方的物业管理，胡同的交通秩序、养护绿植、维修电路、管道疏通、为老服务等都得到了有效的改善。街道社区还定期按照职责内容，对居民进行回访，以考核物业的服务水平。

四　西长安街“准物业”管理取得的成效

（一）“准物业”管理模式被大多数居民接受和认可

老旧小区推行的准物业管理基本服务内容主要包括：门岗保安、停车秩序等公共区域秩序管理，清扫保洁、除“四害”等环境卫生管理，除虫、施肥等绿化养护管理，配合做好小区共有设施设备维修养护和房屋装修装饰安全管理，开展房屋共有部位小修养护等，这些基本服务项目满足了居民的生活生产需求，也与小区总体的基本配套相适应，切实改善了老旧小区的居住环境，被大多数的居民认可和接受。同时准物业管理所涉及的基本物业服务管理成本相对较低，收费标准基本能与大多数居民的经济状况相适应。

（二）提高物业管理服务的质量和效率

将物业管理融入社区管理，使社区的物业管理作为社区工作的重要组成部分，建立统一管理、统一协调的工作责任制。网格化管理使每个社区工作人员都要对其负责区域中的物业管理事项实行包干负责制，及时了解和满足居民的需求，优化改进服务的方式手段，大大提高了管理人员的责任心和服务水平。街道统筹协调和指挥保安、保洁、绿化和维修四大管理板块，有效地提高了服务效率和服务质量。同时实施“准物业”管理搭建了居民和社区、街道相互沟通的桥梁，畅通了服务管理与需求导向之间的渠道，使居民对新型的准物业管理的满意度不断提高。另外社区化准物业管理为政府购买服务，不以盈利为目的，大大提高了居民的满意度。

（三）提升社区居民的安全感和满意度

以街道的西交民巷社区为例，西交民巷社区积极创建“国际安全型”社区，针对社区的高危人群、高风险环境、脆弱群体等不安全因素，在社区开展的活动中广泛宣传安全社区的理念，提高社区居民的安全意识，增强居民安全健康和预防意外伤害的能力，尽可能地减少事故和人员伤害，实现社区居民的安全健康。社区建立“三公开、一监督”的工作机制，以“亮起来服务队”建设、楼门院落分类定级、分类管理、分类服务为抓手积极开展便民利民服务，社区以“绿、亮、净、美、优”为目标，治理和改善社区生活环境，成立为老巡视员队伍，走访、慰问并及时解决老人在生活上的困难，为社区安装安保设备和平房院落的门禁系统；为残疾人安装无线遥控小夜灯，真正使老人享受到了“九养”政策带来的福音。

五 “准物业”管理存在的问题

（一）产权不清晰

我国大部分老旧小区的产权基本上是源于某一个单位开发的职工住房，或者几个单位开发的职工住房，更有甚者是一栋楼会属于不同的单位所有。由于时间较长、涉及的单位较复杂，再加上有一些企业改制、机构改革以及住房制度改革等原因，容易出现老旧小区产权多元化的问题。我国目前相关的法律制度也没有对上述房屋的产权问题作出明确的规定，因此，这些房屋处在无人管理的状态，只能由社区居委会进行管理，而社区居委会是居民自治组织，没有行政权，导致老旧小区的物业管理问题成为城市管理中的棘手问题。

（二）居民结构复杂，困难户较多

老旧小区中的大部分人都是原国有企业的退休员工，他们收入较低、经济能力有限。即使有一部分收入可观的居民，他们也早已习惯于由国有企业提供无偿服务，计划经济体制下的观念根深蒂固，对物业的收费行为一时不能接受。一些有经济条件的业主搬离老旧小区，把这些房子出租出去，导致小区流动人口增多。很多的出租人和房东并没有谈好物业问题，双方推脱，不愿意缴纳相关费用。所有的纯商业模式的物业公司也不愿意接手老旧小区，或者由于物业收费率低，入不敷出，也逐渐撤离这些小区。

（三）现有物业管理体制不顺畅

很多老旧小区的物业管理公司是由原来单位的房管部门转制形成的，由于知识、技术和管理方法的不专业，对现代化的物业管理观念理解不深，提供的服务不到位。还有很多开发商遗留的问题都转嫁到物业公司身上，物业无能为力，导致物业和业主关系紧张，自然就很难提供优质的服务了。

六 提升“准物业”管理的对策建议

（一）提供组织保障，建立可持续的管理机制

街道层面要明确要求在各社区的老旧小区全面推行社区负责的准物业管理，并作为街道、社区的一项重要任务。为加强改善老旧物业的组织领导，地方政府要成立社区准物业管理的领导小组，由街道牵头统筹各部门，负责准物业管理的组织和监督工作，加强政府的宏观管理，做好协调服务。街道和社区应树立“红墙意识”，充分认识到老旧小区推行社区“准物业”管理的重要性、必要性和紧迫性。要把维护老旧小区的稳定和谐作为建设首都“首善之区”的一项重要政治任务，不断改善老旧小区的居住环境，优化社区公共服务，切实加强组织领导。社区应设置相应的物业管理机构和配置管理人员编制，真正发挥物业管委会的管理职能，充分发挥街道社区的作用，成立物业管理委员会，召开业主大会，讨论决定小区物业管理等公共事务。

（二）提供资金和政策保障，构建更加完善的“准物业”管理

在老旧小区推行“准物业”管理的重要前提是要有相应的硬件设备和资金支持。为全面实施“准物业”管理，减轻社区的经费负担，区、街道两级财政要继续加大对老旧小区“准物业”管理的资金扶持力度，当物业管理被居民接受之后，可以按照市场规律来运

作。对于这部分资金，政府要建立健全相应的财政保障制度。通常情况下，老旧小区没有物业用房，未实行保修金、维修基金制度，推行社区“准物业”管理既为政府分担了管理责任，也为改善居住环境提供了保障，政府应给予政策扶持，修订、完善辖区准物业管理的相应条例和法规。

社区“准物业”管理在我国的发展还属于起步阶段，缺乏完善的政策体系，政府要从制度层面给予足够的重视，确保“准物业”管理在社区的健康发展。按照国务院《物业管理条例》，结合区域具体实际情况，尽快出台《西长安街物业管理暂行办法》及《西长安街物业管理收费标准》，使物业管理有章可循、有法可依。充分发挥居民委员会的决策作用，与第三方物业管理达成严密、完善的物业服务协议，对委托管理事项、管理标准、管理权限、管理费收支和违约责任加以明确，避免出现不必要的纠纷和损失。

（三）培养社区领袖，形成具有街道特色的准物业管理模式

坚持政府主导、市场化运作的方式，从监管和服务入手，强化领导、完善措施、创新机制，提高“准物业”管理企业的综合服务水平。在社区居委会中引入在社区内具有一定影响力的居民，这样可以增强社区的自治功能，也能够让更多的居民加入到“准物业”管理服务中来，进而满足居民的需求、带动居民开展自治，实现社区的健康发展。对“准物业”管理的从业人员进行专业培训，提高管理从业人员的整体素质，增强准物业管理企业的社会责任感，要自觉地遵守相关制度、流程和职责的要求，为业主提供质价相符、周到细致的服务。另外要提高居民的公共意识，增强对“准物业”管理重要性的认识和对管理投入的认同，根据有关法规条例约束自己的不良生活行为，维护管理服务的成果。

参考文献

饶沛：《老旧小区如何推行“准物业”管理》，《百姓生活》2012 年第 12 期。

赖茂生：《社会管理视角下的社区物业服务创新》，《现代物业（上）》2014 年第 12 期。

罗夏：《产权与治权关系对老旧小区物业管理的影响》，华北电力大学硕士学位论文，2015。

陈艳青：《城市老旧小区准物业管理实践研究》，内蒙古大学硕士学位论文，2015。

B.8
关于西长安街西单商圈区域化党建的调研报告

摘　要：近年来，街道工委按照党的十八大和中央决策部署，认真贯彻市委、区委各项要求，立足特殊区位，履行政治责任，充分发挥核心领导作用，加强区域化党组织建设，推进地区各项事业全面发展。其中，西单商圈流动党员的服务管理工作是重中之重。随着市场经济的不断发展，党员在不同行业、地域间的流动性不断加大，流动党员的数量不断增加。如何加强流动党员的教育管理，提高流动党员队伍整体素质，确保流动党员正确行使权利、履行义务，增强党组织的凝聚力、战斗力，是新时期党员管理的一项重要内容，也是在社会主义市场经济条件下党员教育管理所面临的重要课题。西长安街街道工委在强化流动党员服务理念、完善流动党员管理措施、理清流动党员教育思路、明确流动党员责任义务四个方面进行了实践与探索，引导西单商圈的流动党员充分发挥先锋模范作用，真正为企业发展做出贡献，促进西单商圈的健康发展。

关键词：区域党组织建设　流动党员管理与服务　西单商圈　西长安街街道

习近平总书记指出，区域化党组织建设制度改革，着力点是使每个基层党组织都成为坚强的战斗堡垒。基层党组织是我们党全部工作和战斗力的基础，建设区域化服务型党组织，是功能上的一个要求，但总的是战斗堡垒，不能变成纯服务的组织，它的政治功能要充分发挥。街道工委作为党的理论、方针、政策在基层一线的组织者、实践者和推动者，如何适应形势任务发展需要、加强党员教育管理，特别是切实选准突破口、找到好路径，对于发挥党组织的核心作用、巩固党的执政基础具有重要意义。

一 区域化党建背景下的流动党员管理

（一）流动党员教育管理的常见问题

所谓流动党员，是指由于自身原因（如外出工作、生活）或外部原因（如原单位改制），已与原所在地区或所在单位党组织主动或被动地失去了正常的组织联系，原单位党组织已无法行使有效管理状态下的一类党员群体。流动党员呈现以下几个方面的特征：一是少数流动党员组织观念淡薄，自身意识有待加强；二是流动党员管理机制比较滞后，仅凭一本《流动党员活动证》很难进行有效管理；三是党务工作者队伍素质还有待加强，相对于党员管理的实际需要和社会工作的新情况、新发展，党务工作力量就显得较为薄弱。

（二）区域化党建覆盖流动党员的管理和服务

区域化党建破解了以往纵向型的单位制组织结构，而是在一定的区域内，形成覆盖面广、纵横交错的网络型组织结构，实现了党组织和党的工作的全覆盖，增强了党建工作的有效性。区域化党建是基层党组织在党建工作中的探索和创新，它与其他基层党组织建设相比，具有鲜明的自身特征或者说是优势。

系统性

传统的基层党组织是垂直隶属关系，同一区域内的基层党组织相互分离，几乎不相往来，而区域化党建则是以某个基层组织为核心，其他基层组织相互协调、相互补充，在一定区域内建立有机联系的体系

统筹性

区域化党建使区域内各基层组织的党建资源实现了全面规划统筹安排，实现了资源共享和优势互补

网络性

区域化党建是以块为主、条块结合的网络化党建。区域内的基层组织可以包括机关企事业单位、“两新”组织等，也可以涵盖流动党员、退休后党员、下班后党员等，通过区域化党建网络上的节点都可以参与到基层党建中，与此同时，组织和个体之间建立了平等协作、相互帮助的新型关系

社会性

社会性是区域化党建的突出特征。区域化党建打破条条限制，以服务党员和群众为核心，通盘考虑区域环境、治安、文化等要素，协调区域内不同利益群体、不同阶层的关系，化解各种矛盾，统筹各种资源，引导和组织区域内的群众自我管理、自我教育、自我服务。而区域化党建突出的社会性，也符合中国社会治理体系和能力现代化建设的要求

图1　区域化党建的特征

流动党员管理是区域化党组织建设中不可或缺的组成部分。区域化党组织建设通过不断提高组织结构、组织形式的开放性，扩大政党生存的社会基础、政党的社会影响力，从而对流动党员的管理逐步形成凝聚力，促进流动党员队伍壮大。

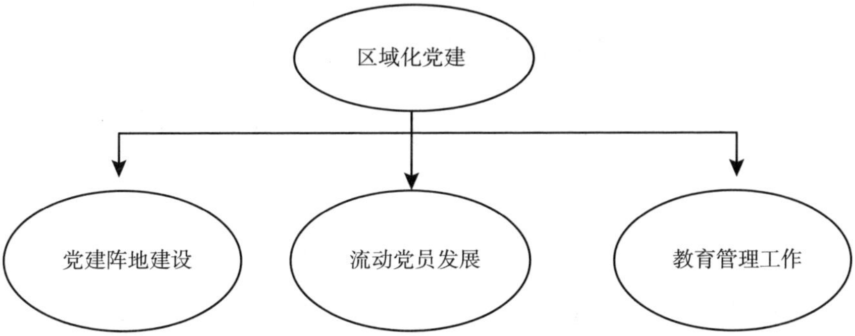

图2　区域化党组织建设与流动党员的关系示意

二　西单商圈的基本情况与流动党员管理难点

（一）西单商圈基本情况

西长安街街道位于首都中心城区，是党中央、全国人大常委会、国务院的办公所在地，辖区内的西单商业区是中国著名商业街之一。西单商业圈有国有大型企业、台资企业、外资企业以及非公企业等多种经济组织。其中，各类企业、商家共计570余家，营业面积上万平方米的大型零售企业13家，涉及百货、餐饮、娱乐、住宿、金融等多个行业。目前，商圈内有59个国有（集体）企业党组织，18个非公企业党组织，1个联合党支部，7个商务楼宇工作站，共有党员1477名，其中非公企业党员136名，流动党员43名。针对西单商圈流动党员多、流动性强的实际情况，西长安街街道工委注重加强流动党员的教育、管理与服务工作，着重引导流动党员牢固树立党性观念，将党的建设融入各自的工作、生活，进一步发挥流动党员在推动地区社会经济发展中的作用。

首都功能核心区突出的区域位置、鲜明的区域特点以及中央对北京市提出的“四个服务”的标准要求，决定了西长安街街道工委必须把强化区域化党组织建设，牢固树立政治意识、“红墙”意识和首善意识，作为头等大事摆在突出位置。

（二）西单商圈区域化党建特点和流动党员管理难点

近年来，西长街街道工委组织力量对西单商业圈党组织、党员队伍情况进行摸底调查。发现商圈存在“杂、流、乱、散”等问题。“杂”是指西单商业圈企业、商户的规模参差不齐，小到个体工商户，大到几千人的规模企业；“流”是指党员们的流动性较大，据不完全统计，商业圈中79%的党员，组织关系不在本地区，每年流动党员占到了“两新”组织党员总数的30%；“乱”是指有些企业有实体经营，有些企业没有实体经营；“散”是指商业圈内有的商户跨行业运营、跨地区经营。

这导致西单商圈流动党员具有如下特点：一是流动党员所在的单位性质复杂，商圈企业、商户的规模参差不齐，小到个体工商户，大到几千人的规模企业，这必然给党员的教育管理带来困难和影响。二是流动党员的流动性强，据不完全统计，每年流动党员占到了非公企业党组织党员总数的30%，楼宇内的商户和外地来京经商的流动党员就更加难以统计了。三是教育管理难度大。流动党员外出时间较长，党性观念逐渐淡化，参与驻地党组织活动的积极性不高，教育管理难，传统的党员教育管理模式已不能完全适应流动党员群体的需要。

这种状况给党建工作带来了“五难”，即管理难实施、活动难开展、作用难发挥、党费难收缴、去向难把握。为解决这些突出问题，西长安街街道工委着力在创新西单商圈区域化党建工作机制上下功夫。

三　西单商圈区域化党建统领流动党员服务与管理的主要做法

（一）理清流动党员的管理信息

针对西单商圈党员、员工流动性大的实际情况，西长安街街道工委建立了流动党员管理机制，扎实完善流动党员的入口管理和基础数据工作。首先，做好基础数据的登记管理。由非公企业党建工作指导员负责，深入商务楼宇内的企业、商户，摸清人员基本情况、确认党员身份、进行登记，做到底数清、情况明。其次，动态管理“商务楼宇流动党员信息库”。在已建立流动党员台账的基础上，每年在商务楼宇内开展两次拉网式的走访活动，进一步掌握流入、流出党员的动态情况，及时补充完善流动党员信息台账，做到“五掌握”，即：掌握党员基本情况、掌握所从事的职业、掌握流入地址、掌握联系办法、掌握党费缴纳情况。再次，拓宽查找“口袋”党员渠道。在西单大悦城星巴克咖啡厅和明珠市场吉野家设立“党员咖啡屋”，为非公企业党员和流动党员提供“服务家园、活动阵地、交流平台、教育基地”，开展组织找党员、党员找组织的“双找”活动，先后找到“隐形”党员24名。按照中国共产党章程规定，凡是有3名以上共产党员的单位，都应该建立党的基层组织，西长安街街道先后成立了荣军保安有限公司党支部、北方动力科贸有限公司党支部、西单婚纱摄影商会党支部等6个党支部。

（二）强化对流动党员的服务理念

在寸土寸金的西单商圈，活动场地匮乏是现实问题。西长安街街道工委高度重视阵地建设，先后在高登大厦、大悦城和昌盛大厦，分别建立了面积为260平方米、300平方米和450平方米的“六站合一工作站”和“街道党群活动服务中心”，从而确保党员有地方活动。为加强活动场地建设，西长安街街道认真规划，专门制定了装修及布展方案，设置职工书屋、多功能厅、谈心室、党员咖啡屋、瑜伽室、健身房等功能区，购置了健身设备、音响器材等，免费供楼宇内的企业党员和员工使用，形成了集办公、宣传、服务、活动于一体的阵地。

在此基础上，西长安街街道工委从更新理念入手，探索加强流动党员教育新举措，树立需求导向的服务流动党员的工作机制。在每年年初，向楼宇内的流动党员、员工发放问卷，了解需求，有针对性地安排全年活动。在活动类型方面，各种理论学习、思想交流、读书阅览、文化娱乐、健身运动等活动穿插进行，做到每日、每周都有不同规模的活动开展，吸引企业员工和党员们积极参与。同时，加强受众的针对性，注重根据行业和群体的特征来开展活动：针对楼宇内的实体商户，举办创业趋势讲座，及时了解业界动态；针对有规模的企业，开展“员工连心坊”系列活动，加强员工之间的沟通交流；针对餐饮行业的员工，为他们开设“健康课堂”，联系辖区医院免费为他们接种流感麻疹疫苗；针对年轻党员，举办以“青春健康”为主题的讲座；积极为外来务工人员子女联系学校；每逢传统节日前，走访慰问商圈内的困难党员；当商家遇到用工紧张的时候，积极联系社区，提供人才来源等。通过丰富、新颖且具有针对性的服务活动，让流动党员参与活动的积极性大大提高，使得流动党员感受到了党组织的关爱，从而加强了流动党员与党组织之间的情感维系。

（三）完善流动党员教育管理措施

西长安街街道工委结合流动党员的思想、工作、生活实际，采取形式多样的教育方式。一是加强新居民党员基础性教育。通过 QQ、微信、微博、《楼宇党建专刊》等信息化平台对流动党员进行系统的政治理论教育，宣传党的政策，宣传市、区、街的有关精神。在流动党员中积极开展“双学双比双提高”活动，即：学习先进基层党组织、学习优秀共产党员，比工作成绩、比岗位奉献，提高基层党组织的工作水平、提高共产党员的素质能力，既让流动党员参与党组织的建设，又激发流动党员投身西单商圈建设、发展西城经济的工作热情。二是抓好流动党员经常性的学习教育。定期集中组织流动党员学习、讨论，广泛征求流动党员的意见、建议，不断研究改进工作。及时树立表彰流动党员中的典型，推广先进经验和先进人物。在商务楼宇中持续开展“党员身份亮出来，鲜红党旗飘起来”系列活动，要求每名党员佩戴党徽，党员商户悬挂“共产党员商户”标识，进一步增强党员意识，明确责任，树立良好形象。三是创新教育载体。每年开展“重走革命路、重温入党誓词”等党日活动，定期举办“党史知识竞赛”“读书论坛”等系列活动，用更加生动的方式激发流动党员的爱党热情。此外西长安街街道还充分利用地区资源，组织楼宇内的流动党员参加街道每年举办的“红墙杯合唱节”和“红墙杯文化体育季”及社区组织的文化活动，加强与辖区群众彼此的沟通交流，营造区域内的和谐氛围，让外来务工的流动党员感到“家”的温暖、感受到组织的关怀。

（四）加强流动党员责任和义务的社会引导

为了把流动党员的作用发挥好，西长安街街道工委坚持从树立流动党员优秀形象入手，积极创新活动载体，为流动党员发挥作用搭建平台。流动党员每年积极参加街道组织的“共产党员献爱心”“爱在西城”捐款活动，共同参与帮困助学、赈灾募捐、为民服务，为困难群体献出爱心，此外，还在党组织的引领下成立了志愿者服务队。西单商圈共建立了 5 支以流动党员为骨干的社会志愿者服务队伍，志愿服务项目由志愿安保维稳执勤到服务绿色出行，从对社区孤老户的定期慰问到为困难地区捐献过冬衣物。目前，共有 130 多名党员志愿者活跃在西单商业区，大大提高了为市民及游客服务的质量和水平。在树立西单商业区良好形象的同时，增强了党员的荣誉感、成就感，并内化为自身的价值取向，增强了其对自身党员身份的认同感。

参考文献

严诣：《流动党员的组织困境》，《重庆科技学院学报》（社会科学版）2009 年第 9 期。

祝灵君:《政党发展与组织变迁》,《马克思主义与现实》2007 年第 4 期。

杜彬伟:《区域化党建及其功能定位研究》,《黑龙江社会科学》2011 年第 4 期。

陈文光、彭柏林、雷建、冯磊:《论进一步加强流动党员的教育管理》,《理论与改革》1994 年第 11 期。

B.9
关于西长安街社区“微”治理的调研报告

摘　要：“互联网 +”时代，社会治理面临着社会治理网络化的趋势。互联网所具有的开放性特征和移动互联网媒体在传播上的优势为社会治理创新提供了一些现实条件和机遇。本报告对西长安街义达里社区在利用微信探索社区“微”自治过程中出现的具体实例进行分析，总结西长安街街道在社区“微”治理方面的经验。“互联网 +”从四个方面为社会治理奠定了创新和改革的基础和动力：一是建立社会信任机制，二是实现政府和市民平等对话，三是社会治理思维方式和治理方式实现创新，四是实现公共服务朝多元化供给模式发展。

关键词：社会治理　“互联网 +”　网络化治理　西长安街街道

党的十八届五中全会通过的《中共中央关于制定国民经济和社会发展第十三个五年规划的建议》指出，不断加强和创新社会治理，推进社会治理精细化，构建全民共建共享的社会治理格局。这对加强社会治理提出了新要求，也为创新社会治理指明了方向，对于政府这一管理主体而言，应在管理理念、基本方法、技术工具和实际运行四个层面强调精细化。互联网的发展、移动互联网的广泛普及为社会治理精细化提供了重要载体，互联网技术的不断创新应用也为社会治理精细化奠定了创新和改革的基础和动力。

一　社会治理理论的演变——网络化治理

（一）社会治理的根本是政府与公民社会的平等合作

“治理”（Governance）这一概念，是在20世纪后半期伴随着新公共管理理论的风行而逐渐完善并走向成熟，在学术界和政界受到了广泛关注。20世纪90年代，联合国全球治理委员会对“治理”的定义为，“个人和各种公共或私人机构管理其事务的诸多方式的总和”。强调“治理”首先是一个“过程”，不是一项活动或者一套规章制度，是一个动态变化的过程；二是“调和”，“治理”不建立在支配上，而是建立在平等上的调和关系；三是“多元”，“治理”参与的主体不是单一的，而是涉及公、私部门等多个主体；四是“互动”，“治理”不是单向依照某种正式制度去执行，而是有赖于持续的互动改进并相互作用。

作为一种理念，结合十八大相关精神，社会治理和以往社会管理有着重大的区别，同时也需要政府实现以下四大转变。

首先，主体向多元转变。社会管理强调以政府一元主体对客体社会进行管理和控制；而社会治理则是变成党、政府、社会各方作为多元主体对社会事务进行共同治理，政府和社会为平等协商的合作关系。各主体间相对独立，在法律和道德的约束下，充分发挥各自的作用和各自优势参与到社会事务的管理中，共同推动社会繁荣发展。这需要政府进一步转变观念，在发挥其在治理国家事务和公共事务上的主导作用的同时，放权于社会，培育公民意识、发育社会组织，进一步向有限政府、责任政府、服务政府和法治政府转变。

其次，社会治理立足点向人民群众转变。改革开放30多年来，虽然我国经济取得了突飞猛进的发展，但社会建设领域的欠账导致如今社会矛盾问题重重。构建和谐社会、实现全面小康，需要把解决人民群众最关心和最直接的现实利益问题和影响社会和谐稳定的问题作为治理的关键点和突破口。治理的核心目标在于建立权利型社会，即政府切实保障公民权利，坚持社会公平正义，增强公民参与公共事务的意识和能力，调和利益关系，通过社会治理实现人民群众的利益诉求表达和最大化，依靠人民的力量创新社会治理，人民群众的满意与否是社会治理体制创新的出发点和落脚点。

再次，治理理念向科学转变。社会管理向社会治理转变，实际是“政府本位”向“社会本位”的转变，这是解决政府失灵和市场失灵的手段。政府必须合理划定自身的边界，建立有限政府，让权于社会，从而形成政府、市场和社会的良性互动。这就要求运用法治与道德、制度化与人性化、效率与程序、协商与互律相统一的方式来治理社会。近年来，在我国学术界，逐步形成了构建“五治”社会治理体系并举的理念，即法治、善治、自治、共治和德治。法治是前提，是社会公平正义的保障；善治是对政府能力的塑造，是对政府转型的根本要求；自治是实现社会民主法治的基础，在基层社会起着维持社会稳定的作用；共治是社会治理平等与合作格局的形成；德治要求强化社会规则意识和契约精神，是依法治理的道德底蕴和内在修为，是社会治理的价值追求。实现社会治理的根本是要在法治思维下，限权于政府、放权于市场、赋权于社会。

最后，治理方式向系统化转变。传统社会管理体现为刚性的、静态的、被动的管控，是一种传统的权利管制行为。社会治理则是源头治理、系统治理、综合治理和依法治理，力求从根本上治理社会。同时，更加注重过程渠道和机制改进，强调建立多元分散主体间多边互动的合作治理网络，建立平等与合作的工作机制，转变以往社会管理强调政府对社会自上而下的单向管控行为，争取实现多元主体之间的平等协商合作，最终实现社会公共事务的有效治理。

（二）“互联网+”与社会治理创新——网络化治理

“互联网时代”是当今人类社会鲜明的时代特征。人类开始步入以信息化，特别是以互联网的发展和应用为驱动的时代，与工业时代的机械化、电气化为驱动要素有着很大的不同。在信息化的基础上，衍生出了“互联网+”的概念，也就是利用互联网对现有行业进行改造和创新，从而产生出新的行业模式。在政府工作报告中也明确提出，要“制定‘互联网+’行动计划”，“互联网+”更是上升到了国家战略。

互联网作为一个面向公众开放的、平等和自由的公共空间，在传播过程中具有公平性、非等级性和交互性等特性，具有释放话语权的积极作用，在社会治理中发挥互联网的这一优势，能够充分激活分散的、愿意发声的公众在不同层面参与和反馈到社会治理的过程中，并且传播途径变得更为迅捷、直接和便利，大大减少了信息在以往人员交替传播中的损耗。在互联网平台上，信息和内容变得更加公开和透明，各主体都呈现更为真诚和可信的形象，这有利于建立一种亲密的合作伙伴的关系。运用互联网能够为社会治理的多元主体互动搭建沟通和互信的平台，使“互联网+”在社会治理理论中得以使用，因此也就出现了网络化治理的概念。网络化治理是指运用互联网技术，在网络场域内，政府部门和非政府部门彼此间相互平等合作，形成多元主体共同治理的社会结构，从而增加社会公共利益。

（三）“微”时代下“指尖上的政民对话”

随着网络信息技术的发展，尤其是移动互联网的快速发展，手机已成为我国网民的第一大上网终端。以微博和微信为代表的移动社交媒介正逐步对我国的社会舆论格局产生影响，与此同时其舆情作用力也在日趋显现。这些“微”产品以成本低、传播速度快、受众广等特点迅速普及，受众人数不断增加，微信自 2011 年由腾讯公司推出以来，注册用户已经超过 6 亿。在“微时代”的道路上，信息传播开始发生着巨变。

各级政府也在利用“微”产品平台开通政务微博和政务微信，越来越多的政府部门借助微博和微信及时发布信息、提供服务，其在缓解社会矛盾、平复和收集网络舆情方面发挥了愈加重要的作用。“微”产品的广泛使用和政务开发，为党政机构创新服务模式、展示形象提供了更多的可能。截至 2013 年 10 月底，经过腾讯微博平台认证的政务微博已达到 160068 个，其中党政机构 92130 个，党政官员 67938 个。政务微信在 2014 年 3 月底，总量已经达到了 5043 个，覆盖了中国大陆 31 个省级（省、自治区、直辖市）行政区以及香港和澳门特别行政区。

微博和微信的诞生，打破了以往的传播方式和通信方式，更是成为一种全新的生活方式改变着社会。它搭载着移动互联网，使手机变为随时随地可移动的信息中心。伴随着在政务界的不断开发和使用，其为政府行政和公众问政提供了更为便捷和广阔的平台。政府通过“微”平台，发布即时政务与服务信息，并根据用户需求提供个性化的内容推送，同时政府还能接受在线咨询、点评和投诉，进行政民互动，令“指尖上的政民对话”成为可能，使得政府和民众间构建起一种更为平等和有效的对话机制，有利于政府和公民社会建立一种更加开放、包容的平等合作关系，对于社会治理创新而言具有重要的意义和探索的价值。这种“指尖上的政民对话”是政府与群众间以信息共享为基础的互动协商，正是“互联网 +”下社会治理合作性和创新性的具体体现。

二　西长安街义达里社区治理步入微信时代

（一）建立“睦邻之家”和“老邻居”微信群

西长安街街道义达里社区，面积0.3平方公里，属于老旧平房区，辖区内主要有颁赏胡同、义达里胡同、羊皮市胡同、大酱坊胡同4条胡同，胡同窄长，房屋密集，聚集了大量的出租房屋及流动人口，社区的管理工作艰巨。

传统胡同里的生活是一种大杂院式的生活，胡同院落里很多设施都是公共的，人们虽然常在公共资源和基础设施简陋的情况下产生摩擦，但更多的公共空间也让居民之间的生活交流显得更为紧密，消除了隔阂。在长期友好交往的基础上达成了观念上的共识，同时也是胡同文化的精神内核：孝敬父母、尊老爱幼、扶助弱小；一家有难、大家支援，一家有喜、共同祝贺；互通信息、互通有无；邻里守望、集体防卫。30年前，大院里谁家做了好吃的，热情的主人会端着挨家送。然而随着城市的不断发展，老街坊搬走了，新邻居搬进来，街坊邻里之间相互认识的人越来越少。

随着科技的进步，在移动互联网的应用浪潮下，微信已成为人们日常交流通信的方式，义达里社区根据这一趋势和特征，提出了建立“睦邻之家”和“老邻居”微信群的构想。两个微信群功能定位各有不同，“睦邻之家”微信群主打服务，方便居民关于公共服务和便民服务事项的咨询，居民有问题，实现即时回复；“老邻居”以居民交流、互动为主，街坊四邻互道家长里短，谁家有什么需求，大家一起想办法、出主意，从而实现居民的互助服务。社区工作人员希望通过微信群的建立，让天天不见面的邻居通过手机微信交流，成为无话不谈的朋友，回归以前胡同生活下和睦互通往来的场景。

义达里社区微信群的开通，不仅为社区信息的发布提供了便捷的平台，居民也可以获取社区各类信息和一对一、一对多和多对一的对话与结对服务，微信在社区治理中的使用，发挥其无障碍的沟通优势，是通过网络加强社区治理的尝试。

（二）搭建政民间“线上”沟通与“线下”服务对接平台

“睦邻之家”微信群的建立，是依托社区“睦邻之家”这一居委会领导下的社区自治组织建立的互动沟通平台。“睦邻之家”实体组织，由社区工作者、社区居民志愿者和社区保安社共同负责并轮流值勤，从而实现社区24小时服务。借助微信群这一平台，居委会推送最新的政府政策法规和相关公共服务信息。居民有任何问题也可以通过这一即时沟通平台进行咨询，并获得相关社区工作者和志愿者的快速解答。

此外，社区还不断开发微信的功能使用，实现了相关社区服务业务的办理。如暂住证的办理，居民梁小姐作为一名外来人口，当遇到“办理暂住证需要哪些材料，如何办理”这一难题的时候，首先想到的就是在“睦邻之家”微信群上进行咨询，随即就得到了相关社区工作者的回复，并被告知“睦邻之家”可以提供代办服务，梁小姐只需拍下身份证的照片并发送给“睦邻之家”的工作人员，工作人员在办好之后会通过微信告知其来领取。社区居委会根据外来居民需要登记电话这一特点，通过电话号码建立微信联系，居民通过微信发送身份证等相关材料，“睦邻之家”即可按照相关规定帮助其办理暂住证。

“睦邻之家”微信群的建立，实现了“线上”咨询与“线下”服务的无缝对接，服务与需求间的对接渠道变得畅通，不受时间和空间的限制，大大缩短了居委会和居民间的距离，节省了居民的时间，同时也提高了办事效率。

（三）推动居民间互通有无、互助互促

义达里社区居民通过“微信群”这一沟通平台互通有无，社区居民间在家常里短中增进了感情，居民有什么需求和资源也可以在这里实现对接。

杜女士作为胡同里的老居民，虽然早已搬离了义达里社区，但是由于胡同老屋无人照顾总是放心不下，以前她时常要抽空专程回去看老屋。现在，通过微信群，平房院有什么事、家里有没有信件，只要动动手指，社区的邻里就会告知她。社区居民有什么闲置物品也可以在群里发布信息，从而实现社区内闲置物品的交换和转让。社区有老人不会使用手机，老人就邀请自己远在国外的儿子也加入社区的微信群，老人有什么状况、有什么问题，社区里的邻居和相关志愿者就可以通过微信告知老人的儿子。居民在群里分享健康、安全常识，有一技之长的居民还可以在这里讲授自己的知识和技能，带领大家一起学习，分享学习成果。

社区居民间的关系变得更为融洽和紧密，越来越像一个团结的大家庭。社区在互助互促中不断融合，居民在自我管理和服务中获得成就感与存在感，社区内的社会关系也变得更为融洽，从而大大增强了居民的归属感。

（四）促进社区自治组织培育

“睦邻之家”位于义达里胡同 1 号，作为社区居民的自治组织，其建立的微信群，被越来越多的社区居民所熟知。在面积不到 5 平方米的睦邻小屋里，雨伞、气筒、轮椅、手电筒、血压计、水暖管道维修等工具一应俱全。墙边柜子里还有两个装着很多把钥匙的大纸盒，其中不但有户门钥匙，还有汽车钥匙，义达里社区记忆力差、出门怕忘带钥匙的老人都会在这里寄存一把作为备用；胡同里停车的人，也

会把车钥匙放在这里，万一车挡了路，即使车主不在，也可以挪车。居民在日常生活中获得了服务和便利，“睦邻之家”也取得了居民的认可、信任和肯定，激发了越来越多的居民自愿投身社区的服务中，目前“睦邻之家”已经发展了志愿者十余名。所开展的服务项目也在不断拓展和丰富，失物招领、邻里纠纷、水暖维修等生活中的大事小情都能第一时间解决。“睦邻之家”这一社区自治组织队伍不断壮大，并逐步迈向社区自我管理与自我服务的常态化轨道。

（五）创建常态化沟通协商平台

义达里社区通过建立微信群，使社区居委会可以借此平台，加强与居民的沟通和互动，特别是顺应了年轻居民的生活方式与习惯，为年轻一代、上班族搭建了一个征求民意、问需、问计于民的新渠道。社区事务的参与者不再是以退休老年人为主，高学历、高知识结构的年轻人以其乐于接受的形式参与到关于社区建设的讨论中，居委会作为政府与社区居民间的桥梁，在与居民的日常交流中，将社区内这些具有发展思路和见地的声音反馈到政府相关部门，同时又以相对弱化的政府形象反馈给居民。在虚拟网络中的对话，政府与居民间、各社会阶层间的身份和形象都变得模糊和弱化，人们处于一个相对平等的对话状态下，从而使更多的人愿意发声、表达自己的意见，使政府与居民间的对话更加平等。与此同时，微信的即时通信功能，使这种沟通对话机制变得更为常态化。

三　西长安街社区“微”治理模式的价值意义

网络参与社区治理模式是强化社区治理的一种尝试，为社区的发展提供了一种较好的途径。义达里社区利用“微信”这一移动互联网平台，进行的“微”治理探索，在激发社会活力、凝聚群众参与、培养居民自治习惯等方面取得了显著的成效，具有很好的价值意义。

（一）通过搭建“微”平台，增强群众参与意识

传统的社区自治，往往是社区居委会通过包办的形式组织和开展各类活动，社区居民苦于没有获取信息和表达需求的渠道、参与活动的载体、参与活动的机会，从而最终导致居民要么不愿参与，要么参与不了、不能参与。在义达里社区“微”治理过程中，通过社区微信群这一信息发布和沟通的“微”平台，服务的提供者不再局限于政府或居委会，而是拓展到了居民个体间一对一、一对多或多对一的互助服务。居委会从以前的社区自治的包揽者变为社区自治的服务者，为微信群线下的实体支撑——以“睦邻之家”为代表的社区社会组织的蓬勃发展提供了空间。与此同时，为社区群众发挥主体作用提供了条件，为群众互帮互助实现自我管理与自我服务搭建了平台。义达里社区“微”治理让社区自治融入社区居民生活的每个角落，提供了居民参与的途径和机会。

（二）通过建立“微”服务，实现政府与公民社会的良性互动

一方面政府通过微信这一具有即时传播和多媒体传播形式优势的工具，为政府服务事项的办理流程优化带来了可能，便捷了服务方式，缩短了办事时间，大大方便了居民的办事需求；二是通过快速的信息公示和问题反馈，在大众视野里清晰了政府服务的边界，明确了政府在社区建设中的责任不再是大包大揽，缩小了政府的边界，从“全能型”政府转向“有限责任型”政府，通过“微”平台的信息发布，激活社区居民间的一些互助“微”服务，从而实现政府为社会自我良性发展让渡空间。

（三）通过激活"微"需求，培育居民责任意识

义达里社区的"微"治理将社区自治内容进行了扩展，从邻里守望相助，到闲置物品转让互换，再到个人知识或经验的微传递，居民有什么问题都可以在群里问一声，有答案或有帮助资源的居民就会回应他。社区自治已经开始融入居民生活的方方面面，并逐渐成为社区居民生活的一部分。社区不再是一个居住的场所，更是成为人们生活交流的空间，人与人之间的关系因频繁的交流和交往而变得密切，居民对社区的归属感不断增强，从而提高了居民对自己所在社区建设和发展的责任意识。

（四）通过培育"微"机制，创新自治形式

义达里社区在社区自治的探索过程中，从"微"事务着手，在破解建立社区自治有效形式上找到了突破口，建立起了从小事做起，及时性、常态化沟通协商，社区内资源自助整合化使用的社区自治"微"机制，解决了以往从顶层设计到制度落地不接地气的困境。"微信"这一大众传播手段的利用，更加符合现实居民的生活实际，有利于吸引年轻群体参与到社区活动中，有助于激发社区居民自治的活力，从小处着手成为社区自治的一种有效形式。

四 "互联网＋"下关于社会治理创新的思考

截至2015年初，中国网民规模已达到6.49亿人，2010年平均每周上网时长是18.3小时，而到2014年为26.1小时，平均上网时长不断增加，虚拟社会不断扩张。美国社会学家托夫勒认为，"未来生产和生活方式的核心是网络。谁控制了网络，控制了网上资源，谁就是未来世界的主人"。随着互联网的迅速发展，社会关系的连接及

层次在不断压缩，其表现就是虚拟社会的不断扩展，从而导致现实社会和虚拟社会的融合。这也正印证了托夫勒的观点。互联网时代，需要政府运用互联网优势和特性，通过“互联网+”思维为社会治理更新理念、创新手段带来新的机遇。

（一）互联网的传播特征为建立社会信任机制奠定了基础

从传播学的角度看，近年来微博、微信等移动互联网媒体的开发和应用使信息传递变得更为迅速和直接，同时更不受时间和空间的限制。尤其是微信传播具有三大优势。首先，多方式传播，微信主要有三种传播方式：一是点对点的人际传播；二是小群体化的传播，如“朋友圈”“微信群”；三是订阅式公众平台化传播。其次，即时传播，由于微信主要是作为手机应用开发，手机作为移动互联通信工具，随身携带便捷，并且可以随时上网使用，不受时间、空间限制，具有信息实时收发的效果。最后，多形式传播，微信可以通过语音、文字和图片等形式进行内容的传播，方便了使用者对信息的发送和接收，降低了使用要求，拓展并方便了部分使用群体（如不识字人群、老年人、视力残疾人群等）。这些传播优势，不仅避免了信息传递中的噪音，信息传递更具针对性，进一步方便了公众与政府间的信息及时交流互动，有利于政府政务信息公开，并接受社会监督，树立一个公开透明、高效的政府形象，增进公众对政府的了解，解救社会治理主体——政府陷入“公信力陷阱”的困局。而这种信任正是在社会治理过程中，政府与公众社会多元主体间进行合作的基础。

（二）互联网的开放性为政府和公民社会平等对话奠定了基础

社会治理的目的是构建一个多元主体共同参与社会事务管理的开放格局。互联网的开放性为政府向“开放政府”转型提供了可能。

互联网的开放性，一是连接的泛在化，移动互联网技术的普及和使用率的提高，使各类机构、个人可以通过互联网平台进行信息交流和传递，使社会治理实现多元主体协商与对话成为可能；二是身份的虚拟化，网络的虚拟性对公民个体的尊重和保护，使得公民更愿意表达真实意愿，公众的话语权得到了充分的释放；三是随着微博和微信等自媒体的不断发展，公众的信息表达表现出了强烈的自主性，虚实社会间的信息舆论能够起到充分的互动，使得公众有了更为平等参与民主政治和社会事务的平台。需要强调的是，搭建公共参与的载体和渠道正是提升一个政府“善治”能力的重要体现。

（三）互联网的技术创新和发展为社会治理思维方式和治理方式创新奠定了基础

万物互联是互联网未来的大势所趋，万物感知和万物控制成为现实可能。互联网带来的变革无处不在，技术、知识在这里交织和碰撞，促成越来越的合作与共享，如信息的共享、物联网和大数据的应用，逐步实现了对社会的全面感知、分享、收集和分析，给社会治理思维方式带来了新的变革。首先，社会公共决策机制逐渐向多元合作的趋势发展，各个主体可以通过互联网参与到各种民主表达中去，以自己的聪明才智为社会事业提供决策建议；以大数据为支持的公共决策数据覆盖面将更加广泛，从而更加科学。其次，公共政策和公共事务走向多元民主监督，互联网的信息公开不仅更加直接快速，反馈渠道也更为直接和多元。最后，社会动员和社会组织培育形式将变得更为多元，如今社会在互联网虚拟空间上发展了一批热心社会事业和公益事业的个人和组织，他们跨区域、跨行业，出于共同的社会责任感、正义感和道义感等通过互联网发起倡议并联合在一起开展志愿活动，如近年来备受关注的打拐公益组织、慢性病病友互助帮等。社会动员和社会组织的发育不再依赖于以往被动式地由政府主导发起的方式，而是逐步走向基于不同社会问题为关注点聚集社会效应，由网民自发形成了具有极强针对性的志愿行为和志愿组织。

（四）互联网技术的开发应用为公共服务朝多元化供给模式发展奠定了基础

公共服务将会以更加多元化的方式呈现，以往公共服务都是以政府为单一主体直接提供为主，并且服务手段传统、办理环节和程序复杂。首先，伴随互联网技术的发展，尤其是移动互联网的快速发展，移动 APP 正在成为政府新的重要公共服务平台，政府服务也更加强调“以人为本”的用户体验，优化了办事流程、公示了办事事项，公共服务变得更加直接和便利。其次，政府通过移动互联网信息搭建一个更为广阔的由政府、社会组织、私人部门及个人多元主体共同参与的公共服务社会化的合作平台、发布平台和监督平台，确保为公众提供更为多元、优质和专业的服务，解决政府单一主体供给与公众日益增长的多样化需求之间的矛盾。

参考文献

张志安、曹艳辉：《政务微博和政务微信：传承与协同》，《新闻与写作》2012 年第 12 期。

张建松：《政务微信的社会影响与传播策略研究》，《新媒体》2015 年第 51 期。

鲍宗豪、宋贵伦：《重视大数据时代的社会治理创新》，《红旗文稿》2014 年第 11 期。

B.10 西长安街街道以党的群众路线教育实践活动为契机推动作风建设常态化的调研与思考

摘　要：　按照区委统一部署和要求，西长安街街道自2014年2月以来深入开展党的群众路线教育实践活动，在区委的坚强领导和第三督导组的精心指导下，街道领导班子和全体党员干部严格按照“照镜子、正衣冠、洗洗澡、治治病”的总要求，扎实开展“学习教育、听取意见，查摆问题、开展批评，整改落实、建章立制”三个环节的各项工作，并及时进行“回头看”搞好自查，教育实践活动取得了明显成效，有效地推动了作风建设的常态化。

关键词：　群众路线教育实践活动　作风建设　西长安街街道

一　作风建设常态化是落实党要管党、从严治党的重要举措

党的工作作风，是指党组织和党员个人在工作中表现出来的一贯态度和行为，是一种外在的表现，其本质反映的是党性和世界观。

（一）作风建设要持续并做到清廉、务实、为民

2012年党的十八大报告指出，“坚持和发展中国特色社会主义，

关键在于建设一支政治坚定、能力过硬、作风优良、奋发有为的执政骨干队伍”。党的作风建设关系到党的生死存亡，也关系到事业的成败。因此要高度重视党的作风建设，巩固和发展好党与人民群众的血肉联系，为建设社会主义提供有力的支持和保证。在工作作风建设中，要防止官僚主义和形式主义的产生，共产党员要做到清廉、务实、为民。清廉，即廉洁奉公，严于律己，严格遵守党纪国法，时刻把党和人民的利益放在首位，切实做到拒腐蚀、永不沾，坚持高尚的精神理想，永葆共产党人的浩然正气；务实，即求真务实，出于对党和人民的事业高度负责任的态度，坚持鼓实劲、重实际、求实效，不务虚功，不图虚名，埋头苦干，脚踏实地，扎扎实实地把党和国家的重大决策和各项工作落到实处；为民，即立党为公、执政为民，把实现好、维护好、发展好广大人民群众的根本利益作为思考问题和工作开展的根本出发点和落脚点。

（二）党的群众路线教育是保持党的纯洁性和先进性的必然要求

要加强和改进党的作风建设，就要“着力解决党的领导作风、思想作风、工作作风、学风和干部生活作风等方面的突出问题，特别是要克服形式主义和官僚主义”。要解决工作作风这种外在的关乎形象的问题，首先必须从其内在的决定因素入手。最根本的问题是要加强党员的世界观建设和党性修养。坚持走群众路线，始终保持党同人民群众的血肉联系。要做到权为民所用、利为民所谋、情为民所系，坚决防止形式主义和官僚主义。其次，要搞好与作风建设相配套的体制改革。这就需要建立科学的领导体制和有序的工作机制，改革干部内部制度尤其是干部的任命制度和干部的考核制度，健全和优化干部的监督机制，始终保持党的先进性和纯洁性。

（三）作风建设需要制度化、规范化、常态化的机制

以习近平为总书记的党中央坚决纠正“四风”问题，切实加强党的作风建设，并明确提出“要努力形成具有完备系统的制度体系，以刚性的制度规定和严格的制度执行，确保作风建设的制度化、规范化、常态化，不断提高党的作风建设制度化水平，增强党的规范化程度，健全党的作风建设常态化机制”。

二　以“六个坚持”深入开展群众路线教育实践活动

西长安街街道办事处下设32个职能科室，根据街道的工作职责和业务科室职能划分，科学设置党组织，目前共有9个机关党支部、3个离退休干部党支部，共有党员315名；街道下设社区居委会13个，根据社区党员的数量和规模大小，优化组织设置，社区党委（党总支）书记、居委会主任全部实行“一肩挑”，并在每个社区原有1名专职副书记的基础上，配备1名专职党务工作者，现有12个社区党委、1个社区党总支、39个党支部，党员2467名。此外，街道深入地区588家非公企业调查摸底，采取单独组建、区域联建等方式，扩大党组织和党的工作覆盖面，重点在西单商圈打造“党群活动服务中心”和7个商务楼宇工作站，并聘用10名非公企业党建指导员，建立1个联合党支部、18个非公企业党组织，共有党员147名。街道基层党组织设置合理、覆盖面广，为群众路线活动的开展提供了体系支撑和组织保证。

（一）坚持党要管党，强化党委在群众实践活动中的主体责任

街道工委成立了由街道工委书记担任组长的教育实践活动领导小

组，建立了处级领导联系点和活动办公室，街道广大党员和干部群众积极参与，教育实践活动稳步推进、扎实有效。

1. 各级重视，指导有力

教育实践活动开展之初，中央督导组深入街道调研指导教育实践活动，对街道提出了重要的指导意见。区委领导经常深入居民家中走访，倾听民声，现场解决实际问题；深入街道调研指导教育实践活动，分析研究解决重点难点问题，审阅街道领导班子民主生活会方案、参加街道领导班子的专题民主生活会，提出具体的指导意见。区委第三督导组的相关领导同志，坚持严格把关、严督细导，经常深入到科室、社区和居民群众中了解情况，特别是在全国“两会”和敏感日期间，主动到一线参加安保值守，真心融入，真诚帮助。街道切实承担起教育实践活动的主体责任，主要领导率先垂范，严密组织、严格把关，先后主持召开了多次工委会、领导小组会和处级干部会，研究解决教育实践活动的有关问题，切实担负了“第一责任人”的职责。街道领导班子成员积极参加活动，抓好分管科室、联系点社区和非公企业的教育实践活动，做到一级带动一级、层层传导压力、层层落实责任。

2. 组织严密，推进有序

按照“梯次展开、压茬进行”的要求，从街道的实际出发，既坚持有序推进，街道领导班子和机关先行一步、做出示范，社区和非公企业党组织依次推进，又注重上下联动、前后衔接、相互配合、共同推进；既抓好上级部署的“三个环节”工作，又坚持把学习教育、边学边改、立行立改、改进“四风”、贯彻整风精神、领导带头贯穿活动始终，努力提升活动整体效果；既针对机关党支部、社区党组织和非公企业党支部实际情况，实施科学分类指导，又做到标准不降、内容不减、方式灵活，增强了教育实践活动的针对性和实效性。

3. 树立典型，示范引导

街道工委注重发挥宣传舆论的作用，在《长安街时讯》开辟专栏，增设“群众路线直通车”，追踪报道教育实践活动经验做法和推进情况；制作宣传展板，并利用地区各宣传长廊，挖掘各类事迹，重点宣扬来自街道机关、社区一线、驻区单位、职能站队所等的8个先进典型事迹，发挥了典型的示范和引领作用。

（二）坚持理论先导，通过学习教育夯实作风建设的思想基础

街道工委坚持把学习教育作为教育实践活动的首要任务，通过集中学习、自己学习、全面学习、专题学习等方式，全面推进学习教育。

1. 严格制度集体学

领导班子坚持周二下午和周六上午相结合的学习日制度，制定具体的学习时间表和任务流程图，细化专题和学习内容，确保集中学习时间、内容的落实，累计完成11天22次集中学习。通过集中交流学习体会、邀请专家辅导、参观教育基地、观看教育影片、开展“百姓宣讲”、上好主题党课、开设“手机微课堂”、开展廉政教育活动等，不断深化学习内容，做到学有所思、学有所长、学有所获。

2. 带着问题对照学

广大党员干部对照“坚定理想信念、强化群众观念、反对‘四风’、提高服务群众能力以及反腐倡廉”等10个专题内容，对照北京市39项整治内容，对照自我查摆出的一些问题，认真学习反思，坚持立学立改，把学习的过程变为净化心灵、查摆问题、分析原因、立行立改的过程。

3. 领会精神重点学

在抓好第一环节集中学习教育的基础上，街道班子认真对照

“三严三实”要求，在领会各级领导的讲话精神上下功夫。通过学习，班子成员和广大党员干部进一步统一了思想、提高了认识、增强了践行党的群众路线的自觉性和坚定性，为推动教育实践活动深入开展打下了坚实的思想基础。

（三）坚持问题导向，以问题为中心深化作风建设

街道领导班子始终坚持相信群众、敞开大门搞活动，通过“面对面”与“背靠背”、“个别听”与“集体谈”、“走进家门征”与“进入单位访”等多种形式，原汁原味地汲取各方面的意见建议。

1. 征求意见范围“广”

开展“六走近”（走进驻区单位、走近地区“两代表一委员”、走近离退休老同志、走进上级单位、走近居民群众、走近服务对象）和“进千家”活动，街道处级领导、机关科长、区派挂职干部和社区书记、站长共走访1200余户家庭；组织召开驻区单位、地区职能站队所、“两代表一委员”、退休老同志、社区党员和居民群众等不同层次的座谈会25场次；在街道公共服务大厅、办公楼和社区设立15个征求意见箱，在网络上开设电子邮箱，在活动办公室开设热线电话，在《长安街时讯》开辟意见专栏；依托街道“全响应”网格指挥系统平台，发挥网格“格长”作用，延伸征集渠道、拓宽征求范围，做到广泛征集、真听意见、听真意见。

2. 认识问题站位“高”

街道把征求到的涉及“四风”方面的问题1658条、督导组反馈街道班子“四风”方面的10条意见和班子成员的80个问题，召开2次工委会、3次班子会、6次教育实践活动领导小组会，进行分析研究，“逐风逐条”地查摆反思，分类梳理分析，“深入查、细致挖、找根源”，每名处级领导都主动把自己摆进去，自觉认领问题，诚恳接受意见。对群众反映强烈的“胡同停车难、老旧小区管理难、买

菜难、地下空间住人扰民以及私产单位产危房”等，能够透过这些看起来很“小”的意见建议，反思街道在“四风”方面的大问题。

3. 聚焦问题改得“实”

始终把边学、边查、边改贯穿到教育实践活动的始终，积极发挥统筹职能，打破传统思维模式，创新工作机制，先后启动灵境小区物业管理、和平门地下空间整治、光明胡同环境提升等一批惠民利民项目；实施东安福胡同整治，启用黄城根南街“百姓生活服务中心”；积极筹措资金，在中国移动和属地房管所的支持下，对全地区 20 余户“私产和单位产”危房进行解危改造，切实通过立行立改，让群众感受到了身边的变化。

（四）坚持自我剖析，确保提高专题民主生活会质量

专题民主（组织）生活会是查摆问题、分析问题的重要载体，是整个教育实践活动的关键步骤。街道工委领导班子成员和各党组织负责人，真正把自己摆进去，用严的标准、严的要求认真撰写个人对照检查材料，进行深刻的自我剖析，广泛开展谈心交心，以整风精神开展批评和自我批评，确保街道领导班子、社区党委专题民主生活会和各党支部专题组织生活会的质量和效果。

1. 找准突出问题，深刻剖析根源

街道班子成员坚持把自己摆进去，在抓好各自分管工作的同时，拿出时间、投入精力，带头对照检查，带头边查边改。领导班子及成员从 5 月中旬开始，就着手撰写对照检查，班子的对照检查材料由工委书记负责，集体研究把关；个人的对照检查材料由本人亲自动手完成。针对班子对照检查材料，工委 6 次召开会议集体研究，主动听取机关党支部和社区党委的意见建议，在区委督导组的指导下，先后进行了 18 次修改。街道工委要求处级领导干部和非领导干部都要撰写对照检查材料；在撰写和修改过程中，每名班子成员主动认领督导组

反馈的问题，并结合个人成长经历和工作岗位，紧扣“四风”，不躲闪问题，不回避矛盾，透过现象看本质，触及思想和灵魂，既体现了共性问题，更突出了个性问题；对照“三严三实”要求、焦裕禄精神、区委督导组反馈的意见和各方面的建议，不遮掩、不避重、不就轻，从思想和灵魂深处深刻挖掘，剖析出理想信念、宗旨意识、党性锻炼、担当精神、工作标准以及廉洁自律等方面的原因。针对查找的问题、剖析的原因，领导班子和成员都有针对性地开出了药方，提出了今后的努力方向和改进措施。同时，对群众反映强烈的突出问题逐一进行了对照检查，对公车使用、办公用房、配偶子女、家庭房产等情况进行了明示。通过深刻的自我剖析，街道领导班子成员切实感受到自己在认识上有了新的提高，在思想上受到很大的触动。各社区党委（支部）书记、非公企业党组织负责人，也都认真地撰写了对照检查材料，主动认领街道指导组反馈的问题，对照群众反映、上级指点和自身存在的问题，深刻查摆反思，从思想深处剖析原因，受到了深刻的教育和警醒。

2. 敞开心扉交心，谈通谈透思想

针对街道班子和班子成员以及社区党组织存在“四风”方面的问题，坚持“四个必谈”和“六个谈透”。区委督导组与街道领导班子成员进行了 4 个轮次的谈心谈话，班子成员认真听取督导组的意见。街道指导组与各社区班子成员普遍进行了 2 轮次谈心谈话。李会增同志和张丁同志分别带头和街道班子成员及科室负责人谈心谈话，谈问题、谈思想，主动听取大家的批评意见，了解掌握班子思想作风状况和每名班子成员应解决的突出问题，并督促班子成员做好相互谈心活动。班子成员之间围绕“四风”问题，严肃认真、真心诚意地谈心交心，主动先把自己的问题摆出来，把想说的话说出来，把想给对方提的意见提出来，不藏不掖、不绕弯子，开诚布公、开门见山，谈开了问题，沟通了思想，增进了感情，相互之间普遍开展了 5 轮以上的谈心谈话。街道班子成员还分别和所分管的科室、所联系的社区开展谈心活动，虚心接受批评意见。凡是准备在民主生活会上提出的问题，都在会前谈通谈透，进行同志式的善意提醒，推心置腹的交流谈心，有话讲在当面，实现了“三个统一”（班子成员心里想提的意见、会前谈心沟通时提的意见、会上相互批评时提的意见相统一），打消了思想顾虑，放下了思想包袱，达成了思想共识，班子内部更加坦诚、更加团结、更加和谐。

3. 贯彻整风精神，严肃认真开展批评与自我批评

街道班子本着对自己、对同志、对班子、对党高度负责的态度，拿起批评和自我批评的武器，认真进行对照检查。通过开展严肃的批评和自我批评，每位班子成员都经受了一次党内政治生活洗礼，接受了一次党性锻炼和党内教育，进一步强化了“首善意识”、“红墙意识”、大局意识和服务意识，坚定了做“红墙人”的理想信念，既“红了脸、出了汗、排了毒”，又加深了了解、增进了团结、鼓足了干劲。区委王宁书记全程参加街道领导班子的专题民主生活会，在点评时指出，街道领导班子专题民主生活会开得严肃、认真、坦诚，高度重视、精心准备，开出了好的氛围和效果，是一次高质量的民主生活会。

（五）坚持持续改进，构建作风建设的常态化机制

8 月上旬，街道领导班子从学习教育是否扎实、查摆问题是否聚焦、自我剖析是否深刻、交心谈心是否充分、开展批评是否认真、边查边改是否见效六个方面认真开展“回头看”，形成了自查报告，组织召开专题交流会，落实活动要求，推动整改落实，坚持从自身改起、从现在改起，推动教育实践活动取得明显成效。

1. 针对存在问题，制定整改方案

整改落实、建章立制是教育实践活动见实效、出成果的关键环节。街道工委坚持“从严从实”要求，认真制定切实可行的整改方

案，严格按照市委、区委要求，针对查摆出的问题，领导班子制定了3个方面27项整改措施，明确整改时限，专人负责，以“钉钉子”精神逐条逐项狠抓落实。领导班子成员针对自身查摆出的问题，按照“立行立改、近期整改、中长期整改”三个类别，制定了切实可行的个人整改措施，并细化了街道领导班子、处级领导干部和各党组织整改清单，按规定范围和时限进行了公示。

2. 紧贴街情实际，整改落实有效

始终把群众满意不满意、高兴不高兴、赞成不赞成作为检验教育实践活动的根本标准，坚持从街道实际出发，边学边改、边查边改、即知即改，切实把教育实践活动的成果转化为破解难题、促进工作的动力。严格按照《西城区开展“四风”突出问题专项整治工作方案》提出的专项整改要求，把解决突出问题贯穿始终，积极回应干部群众的现实需求，努力解决好群众关心的热点问题。比如，在“三公”经费管理上，按照只降不增的原则，除人员性经费外，其他一般性支出尽量压缩，控制和降低行政运行成本，经费支出与上年同期相比下降31.4%。对征求的1783条意见，区分立行立改、近期整改、中长期整改三类，按责任分解到每一名相关处级领导，分层分步抓好整改落实。工作中，街道充分发挥属地职能，科学统筹，主动而为。其中，对于立行立改的408条意见，居民群众晾衣难、为老服务送餐上门、服务窗口一次性告知办理事项等问题，已经全部完成整改；对于近期整改的1239条意见，东安福胡同整治、私产单位产危房改造等1234个问题已经完成整改，其余5个问题也已经明确具体措施和责任人；对于需要花时间和精力中长期整改的131条意见，正在全力推动解决。从总体情况看，整改工作抓得紧、落得实、效果好，广大居民群众比较满意。

3. 着眼制度建设，坚持常态长效

坚持把制度建设贯穿活动始终，以建立健全工作制度、管理制度、考核制度和督促检查制度为重要内容，制定切实可行的制度建设计划，对街道内部规章制度进行全面梳理，废止 13 项制度规定、修改完善 34 项制度规定、新制定 14 项制度规定、保留 6 项制度，通过把整治“四风”中好的经验、好的做法用制度的形式巩固下来，形成长效机制，确保可执行、可监督、可检查、可问责，进一步规范了广大党员干部依法依规依纪行政和办事的行为，树立了党员干部的良好形象。

（六）坚持经验总结，在回头看中提升作风建设的整体水平

这次教育实践活动，从中央到北京市委、西城区委，各级主要领导亲自抓、作表率，一级带动一级，提升了作风建设的整体水平。

1. 领导示范带头，表率作用明显

街道工委高度重视，始终强调领导班子、处级干部和基层党组织负责人要以身作则，真正把自己摆进去，带头为街道开展活动树标杆、当示范，引导和激励普通党员投入到活动之中。街道工委书记作为第一责任人，坚持先学先思、先行先做，切实发挥“一把手”的示范带动作用。学习教育环节，领导班子成员带头学，激发和营造了全街道党员干部的学习热情和活动氛围；征求意见环节，班子主要领导和成员亲自深入驻区单位和地区群众当中，听取第一手的意见建议；查摆问题环节，班子成员带头揭短亮丑，亲自撰写对照检查材料；整改落实环节，也是带头自查，勇于承担责任，领导班子带头示范作用的发挥有力地推动了街道教育实践活动的扎实开展。

2. 聚焦“四风”问题，活动重点突出

这次教育实践活动，始终按照上级的部署，把改进作风作为主题，以点带面，打到了“七寸”。从街道教育实践活动方案的制订到每个环节具体工作的推进来看，始终把征求“四风”问题、查摆

"四风"问题、剖析"四风"原因、解决"四风"问题，作为群众反映的重点问题突出出来，不仅使这次教育实践活动找准了靶子、点准了穴位，而且增强了教育实践活动的针对性和有效性。

3. 群众参与广泛，全程接受监督

街道虽然处在基层第一线，但党员干部的作风怎样、存在什么问题，更需要让居民群众来评判、监督。整个教育实践活动中，街道始终把群众意见作为最好的一把尺子，坚持真开门、开大门，让群众参与教育实践活动的全过程。走进群众中，深入居民家，访民情、听民意、找民难，广泛开门纳谏；查摆问题准不准、分析问题深不深、制定措施实不实、整改效果好不好，真心接受群众评判；活动方案的制订、各个环节的推进、整改落实的兑现、居民困难的解决等，全程接受群众监督。

4. 坚持边查边改，群众比较满意

思想上的自觉只有转化为行动上的自觉，才能使教育实践活动抓得实、走得远，赢得群众的信赖。街道不仅仅在抓好理论武装、深入查摆问题和剖析原因上下功夫，更加注重群众切身利益的维护和实际困难的解决。比如，改善一些居民的住房环境，加强精品胡同建设，建设市民活动中心，对重点小区实施专项整治，探索居民小区自治模式等，都让群众看到了实实在在的变化，在边学边改、边查边改中体现党的宗旨，确保活动不偏、不空、不走过场。

三　教育实践活动对推动作风建设常态化的思考

（一）开展教育实践活动的主要成效与不足

1. 思想认识有了新提升，政治意识、宗旨意识更加强化

通过扎实开展教育实践活动，广大党员干部经历了思想洗礼，发

生了精神嬗变。首先，思想自觉进一步提升，“红墙”意识进一步深化。这次教育实践活动是党中央新一届领导集体履职后的一项重大政治活动，通过认真学习领会习近平总书记系列重要讲话，特别是考察北京时的讲话精神，街道工委对“红墙”意识的认识有了新的提高，充分认识到街道地处首都功能核心区，不仅仅要站在街道自身，更要站在西城区乃至首都的大局，始终把强化政治意识和“红墙”意识作为首要政治任务，把“四个服务”工作做好、做实。其次，宗旨意识进一步加强。街道处在联系和服务群众的第一线，只有坚持群众观点、站稳群众立场、增进群众感情，真正把党的惠民政策落实好、推动好、实践好，才能更好地发挥桥梁和纽带作用，全心全意为人民服务的使命感和责任感得到了进一步增强。

2. 工作作风有了新转变，党群关系、干群关系更加密切

在教育实践活动中，可以清晰地看到，广大党员干部的“精气神”持续提升，与居民群众的“亲密度”不断拉近。一是坚定了不断改进作风的决心。街道党员干部上下一心，以党的群众路线为指导，坚决贯彻落实中央八项规定、市委十五条实施意见和区委部署要求，凝聚了改进工作作风、做到“为民、务实、清廉”的思想共识和坚强决心。二是激发了敢于动真碰硬的勇气。通过深入开展查摆问题、专项整治等各个环节，渲染了敢于向问题“开炮”，敢于“动真格、硬碰硬”的风气，大力破解工作难题，积极回应群众关切，弘扬一心为公的“正气”。三是体现了服务居民群众的实效。注重从解决群众关心的热点难点问题入手，认真倾听群众呼声，坚持边查边改、即知即改、立行立改，一批事关居民群众切身利益的突出问题得到初步解决，立党为公、执政为民的要求进一步落实，提高了党在人民群众中的威信。

3. 工作能力有了新提高，组织建设、队伍建设更加有力

街道工委紧紧抓住教育实践活动的有利契机，大力加强基层服

务型党组织建设和干部队伍建设，不断巩固党的执政基础。一是领导班子统筹发展能力更强。通过扎实开展教育实践活动，特别是召开高质量的民主生活会，街道领导班子更加团结和谐、更加有战斗力，进一步明晰了发展方向，谋大局、抓关键，科学谋划、统揽全局的能力进一步增强，落实属地责任、做好“四个服务”的水平得到不断提升，“红墙”意识政治品牌、“5S”精益服务品牌和“京城第一街道”发展品牌的影响力不断扩大。二是干部队伍做群众工作能力更强。活动中，街道、社区党员干部经常深入居民家中，促膝交谈了解社情民意，想方设法解决群众疾苦，“说群众话”“交群众心”“办群众事”“解群众难”的能力得到了锻炼和提高，进一步拉近了与居民群众的距离。三是基层党组织服务群众能力更强。坚持把加强服务型党组织建设贯彻于活动始终，贴近民心、顺应民意，突出实践特色，创新管用有效的活动载体，把街道工委、社区党委的组织优势、服务职能与辖区内各类服务阵地、服务平台、服务队伍的作用紧密结合起来，真正把服务送到了群众心坎上，把各级党组织建设得更加坚强有力。

4. 地区发展有了新进步，驻区单位、居民群众更加满意

着眼转作风、强组织、促发展，以作风建设的新成效凝聚推动区域科学发展的强大力量，居民群众的幸福感和满意度不断提高。一是和谐稳定的环境得到巩固。活动中，街道工委准确把握首都政治核心区和功能核心区区域定位，自觉把维护区域政治稳定和社会安定摆在突出位置、作为重中之重，开展“六走进”和“进千家”活动畅通言路，发挥网格格长作用加强居民意见收集，促进了对辖区“人、地、物、事、组织”的精细化管理，营造了人人抓落实、时时保安全、处处盯维稳的良好氛围。二是单位之间的交流得到加强。活动中，针对辖区中央和国家机关多、服务标准要求高的实际，结合在职党员回社区报到等活动，采取“请进来、走出去”的办法，上门走

访征求意见，集中座谈对接需求，加强了与辖区单位之间的沟通联系，提升了“四个服务”的工作质量。三是服务民生的水平得到提高。活动中，街道工委坚持把保障改善民生作为工作的出发点和落脚点，既解决好事关群众切身利益的眼前问题，又着眼长远建立联系服务群众长效机制，努力达到让群众受益、让群众满意的最终目的，赢得了居民群众的普遍赞誉。

对照上级的标准和要求，活动开展仍存在一些问题和不足：一是在整改“四风”问题上，特别是对一些历史遗留和群众期盼的棘手难点问题，还要加大整改落实的力度，在科学谋划、积极统筹上下功夫，在整改措施的细化上下功夫，出实招、出新招。二是在执行制度规定上，特别是一些新修订和完善的制度，既要搞好学习宣传，解决好普遍“知”的问题，更要加大执行力度，解决好“行”的问题。三是对一些多发易发、容易反复的问题，在应对举措上还需要进一步做到“细、深、实”，要以踏石留印、抓铁有痕的劲头抓好整改落实，不断巩固整改的成果。

（二）开展教育实践活动工作有三点启示

街道教育实践活动取得的成效，主要得益于市委、区委的坚强领导和区委第三督导组的有力指导，得益于街道广大党员干部群众的广泛参与和支持。通过教育实践活动，有以下三点启示。

1. 必须要坚定理想信念，切实解决好“三观”问题

“四风”问题深层次的原因，归根到底是理想信念发生了动摇，是世界观、人生观、价值观这个“总开关”出了问题。街道开展教育活动的实践也充分证明，只有始终加强党员干部的思想武装，坚定理想信念，摆正“三观”，永葆共产党人的政治本色，才能树立正确的权力观、政绩观、事业观，才能始终践行群众路线，真正实现改进作风、推动工作的根本目的。

2. 必须要注重建章立制，把制度作为解决问题的根本途径

“没有规矩、不成方圆”，解决作风问题根本上还是要靠制度，建章立制就是把作风建设纳入制度轨道，把每个问题、每个党员干部的行为纳入制度管理的范畴。同时我们也看到，随着新情况、新问题的不断涌现，各项制度也需要与时俱进地修改和完善，着力解决制度中过时陈旧、标准不清、界限不明、刚性不足等问题，尽量把制度定得科学一些、规范一些，把制度的笼子扎得紧一些、密一些，这不仅是党的群众路线的要求，更是社会公平正义的期盼。

3. 必须要紧贴街道实际，创造性地开展工作

街道群众路线教育实践活动之所以能够健康顺利开展，关键就是不折不扣地、严格地落实上级的部署要求，并坚持紧贴街情、社情和民意，有针对性地开展工作。回顾整个教育实践活动，无论是整体活动方案的研究制定，还是每一个环节、每一个步骤工作的具体推进，我们都紧密联系街道工作特点和党组织、党员队伍的实际，在密切联系群众上下功夫，在改进工作作风和工作效能上见行动，既原汁原味地做好“规定动作”，又大胆探索，勇于创新地做好“自选动作”，确保了教育实践活动取得实实在在的效果。

（三）推动作风建设常态化的四点建议

虽然党的群众路线教育实践活动基本收尾，但是持之以恒反对“四风”、改进作风不会结束，加强街道作风建设、贯彻执行党的群众路线没有收场，更没有休止符。下一步，街道将严格按照整改方案要求，坚持严的标准、严的措施、严的纪律推动整改落实，不断巩固和扩大教育实践活动成果，推动街道各项事业全面协调可持续发展。

1. 学习贯彻党的十八届三中、四中全会精神，始终保持开拓进取、锐意改革的精神面貌

全面系统地学习贯彻党的十八大和三中、四中全会精神，深刻领

会重大意义和丰富内涵，进一步统一党员干部的思想，增强理论自觉和行动自觉。不断加强街道社会建设及社区体制改革的探索，形成快捷高效的为民服务体系；认真贯彻落实市委、区委的决策部署，推动街道各项整改措施的落实，让居民群众得到实实在在的实惠；注重培养先进典型，发挥基层党组织战斗堡垒和党员干部的先锋模范作用，始终保持奋发向上、昂扬进取、开拓创新、锐意改革的精神状态。

2. 巩固扩大教育实践活动成果，在整改落实和建章立制中推动街道全面发展

教育实践活动能否取得实效，关键是看整改落实是否到位，我们要继续按照专项整治和建章立制的要求，认认真真抓好整改落实工作，逐条分解，细化任务，责任到人。下大力做好“四风”问题专项整治工作，把突出问题的整改作为重要任务纳入全年考核之中，特别是要把制度建设坚持常态化、长效化，把好的经验和做法固化下来、坚持下去；不断完善党员干部联系群众制度，坚持定期看望、慰问困难群众，做好解难帮困工作；健全科学民主决策机制，坚持工委议事规则，提高领导班子集体领导能力；进一步精简会议文件和各类活动，规范财经和资产管理等，让改进作风、服务群众、促进发展成为街道的常态化机制。

3. 全面加强基层服务型党组织建设，把自觉践行党的群众路线在基层落地生根

不断加强街道工委班子和各党组织班子自身建设，在理论武装、坚强组织、规范制度、严格监督和党风廉政建设等方面下气力，建设上级党委放心、居民群众满意的基层服务型党组织队伍，组织带领广大党员干部以实际行动践行党的群众路线。着眼居民需求，主动与职能部门和驻区单位协调，在市委、区委的指导帮助下，加快市民中心建设速度，为居民提供社区综合服务、文体活动、残疾人温馨家园、老年自助学堂、儿童生活服务、再就业培训等全方位服务。着眼提高

地区市容环境，积极探索地区环境卫生高效运行的“扁平化”管理新模式，减少中间管理层次，增加管理幅度，实现环境卫生管理指挥链条最短化、响应速度最快化、协助互动最优化、管理效率最高化，为居民创造良好的生活环境。创新街道网格化服务管理运行机制，在组建“一格五员”网格队伍的基础上，坚持“集约资源，数据共享”的原则，研发集数据中心、网格管理于一体的数字“红墙”社会服务管理平台，以数据支撑分析研判，实现服务的精细化，以网格化管理为基础，实现管理的高效化，切实用科技和信息手段提升社会服务管理的效能。积极整合地区优势资源，挖掘地区单位的潜能，争取多开放一些地区单位的停车场所、就餐场所、活动场所，提升地区单位资源为民服务的利用率。

4.持续改进工作作风，不断加强党员干部队伍建设

充分发挥街道工委的领导核心作用，履行主体责任和属地职能，把改进作风、加强党员干部队伍建设作为党建工作的基础工程抓实抓好。重点在加强党性修养上下功夫，坚定理想信念，强化政治意识、“红墙”意识和责任意识，振奋精神状态，敢于担当、敢于碰硬、敢于创新，激发党员干部干事创业的工作热情，切实提升党员干部队伍的凝聚力、创造力和战斗力；重点在能力提升上下功夫，全面把握街道所处的功能定位，站在首都发展和地区稳定的高度，不断提高政治站位和做好“四个服务”的能力，不断提升维护地区稳定，增强发现问题、分析问题和解决问题的能力，不断提高攻坚克难、狠抓落实的能力；重点在党员干部的教育培养上下功夫，积极为人才成长创造发展空间，努力为街道建设发展提供人才和智力支持；重点在党风廉政建设上下功夫，坚持严字当头、从严从实，加强对“三重一大”事项的监督检查，积极推进党务公开、政务公开和权力公开透明运行，进一步完善党风廉政建设责任制和反腐倡廉机制，营造风清气正的良好环境。

参考文献

陈发胜：《学习贯彻习近平总书记在河南省兰考县调研指导党的群众路线教育实践活动时重要讲话精神》，《闽西日报》2014 年 3 月 28 日。

姜洁：《认真学习贯彻习近平总书记在党的群众路线教育实践活动工作会议上的讲话》，《人民日报》2013 年 6 月 22 日。

祁峰：《用好批评和自我批评武器》，《法制日报》2015 年 7 月 9 日。

鲍为群：《新形势下加强机关党的作风建设初探》，《改革与开放》2013 年第 24 期。

郭美辰：《关于建立健全党的作风建设长效机制的思考》，《共产党员》2015 年第 14 期。

案例报告

Case Reports

B.11

西长安街“三个一流”打造“红墙文化”特色品牌

摘　要：文化是人民的精神家园。而基层文化事业的发展要依托社区文化这个载体，坚持贴近实际、贴近生活、贴近群众的原则，为基层群众创造一个良好的文化氛围。西长安街街道通过打造“红墙艺术团”特色品牌，开展一系列体现“红墙文化”的活动，带动广大群众积极参与社区文化活动，助推基层文化事业的建设和发展。红墙艺术团既丰富了西长安街街道群众的文化生活，也提高了西长安街街道群众的文化素养，发挥了西长安街街道品牌文化的价值引导作用。

关键词：“红墙文化”　社区文化　基层文化　西长安街街道

一　社区文化是社区建设的灵魂

（一）社区文化是社区建设的逻辑起点

社区是人类的社会生活共同体。按照滕尼斯[①]的观点，社区以地域、意识、行为及利益为特征。除了一定的地域、共同的利益等“物质”层面的元素之外，还有“认同意识”以及社会交往方式、行为方式等属于文化及精神层面的元素，需要有一群人共同关心的事情，共同的感受体验，也常常有共同的命运。因此，“社区”不只是一个空间的、地域的概念，而且天然地包含着人文精神的内涵，或者说，没有人文精神的社区就只能是一个空壳。

从国际上先进国家和地区的社区建设实践来看，一般都非常重视社区文化建设。日本社区居民对参与社区公共事务非常积极，具有较强的社区意识，社区的组织化程度很高，这与日本长期形成的一整套组织体系及治理制度有关，更与日本人较强的主体意识、理性基础上的深度参与、遵守法律和制度等相关，这推动了社区自治组织的建设，实现了社区公共领域的构建，从而推动了社区公共性的生长。中国台湾的“小区总体营造”最重要的特点也是把居民作为社区建设的主体而不是被动员的对象，强化了小区的共同体意识。

（二）社区文化建设滞后带来的不利影响

我国的城市社区建设起源于20世纪80年代中期。从1986年国家民政部首次引入“社区”概念倡导“社区服务”，到2005年民政部提出建设和谐社区的二十四字标准，经历了宣传启动、试点实验和

---

① 滕尼斯：《共同体与社会》，林荣远译，商务印书馆，1999。

全面推进等发展阶段，中国初步建立起城市社区建设体系，社区建设取得重要进展。尽管在二十四字标准中，除了“管理有序、服务完善、环境优美、治安良好”以外，也有“居民自治”“文明祥和”等人文内容，但是由于我国社区建设时间短，缺乏一套成熟的制度体系，加上在计划经济向市场经济转型过程中，在发展主义逻辑①指导下，重建设轻管理、重物质轻精神、重管理轻文化倾向严重，社区建设也出现了不少问题。郎兴友将其归纳为以下四类②。

一是社区认同感和归属感缺乏。一方面，市场经济打破了计划经济时代下居住地与职业的关系，人口自由流动不断加速，居民仅把社区当作栖身之处，缺乏认同感和归属感；另一方面，从社区建设来说，面对社会多元、观念开放时代的价值高度分化，如何引领社会思潮、凝聚思想共识、推动形成社区认同确实是一个难题。

二是社区内部缺乏信任，缺乏合作的精神和能力。相较于中国传统社会的“熟人社区”所蕴含的丰富的信任资本，由于社区人口流动性大，改革开放以来我国城市社区基本上是“陌生人社区”，邻里之间缺少往来，缺乏了解，道德约束淡化，舆论监督缺位，加上城市社区单元楼独立封闭的居住方式，社区公共空间萎缩，社区居民之间沟通合作的机会大大减少，很难培育信任基础。

三是社区人际关系冷漠。中华民族历来重视邻里关系。所谓“远亲不如近邻”，注重与人为善、助人为乐，强调邻里和谐。但现代城市社区的邻里之间关系冷漠，在不少居民的心中，社区不是社会关系网络的中心，仅仅是居民的一个居住空间。社区居民社会关系网络的主体不在社区内部。当社区居民需要获得帮助时，首先寻求社区

① 郎友兴：《从小区到新故乡：社区文化与中国城市社区建设》，《浙江社会科学》2013 年第 5 期。

② 郎友兴：《从小区到新故乡：社区文化与中国城市社区建设》，《浙江社会科学》2013 年第 5 期。

组织或者邻居帮助的很少，绝大部分寻求帮助的顺序是亲戚、朋友、同学，或者同事。社会变得越来越“原子化”[①]。

四是社区参与不足。一方面，由于职住分离，主流社会成员一般不在社区内工作，其主要的生活空间不在社区内；另一方面，如前所述，维系居民与社区关系的，除了物业基本没有其他纽带，加上居民间缺少信任，社区参与的积极性严重不足。

这些问题与我们的城市化发展阶段有关，也与我们的社区建设中文化建设滞后有直接关系。我们过去通常强调经济层面的发展，往往把社区看作一个地理意义或经济意义上的单元，采取加大物质投入的方式来加强社区的治理，忽视公共性层面的建设，忽视文化、精神层面的整合。要解决这些问题我们应在社区建设的整体思路上，把社区文化建设放在社区建设的逻辑起点上来加以重视。

（三）社区文化建设是一项系统工程

社区文化建设滞后于社区建设，既有社区建设的路径依赖问题，有基层文化管理体制的问题，也有法律法规不健全的问题，还有文化工作思路方法问题，需要系统思考，统筹推进。

一是社区文化是一个完整体系。社区文化体系一般由环境设施、组织制度、行为模式和精神文化四个方面组成[②]。环境设施是社区文化建设的物质载体，折射出社区特殊的文化品位。组织制度是社区文化活动的组织机构、规章制度的总和。行为模式就是一种生活方式，是社区居民在生活、交往、学习、娱乐等过程中形成的、有别于其他社区的特殊方式。精神文化是社区共同体的无形资产，既有“集体无意识”的心理积淀，也有社区共同价值的理性构建，既要润物无

---

① 冯钢：《现代社区何以可能》，《浙江学刊》2002 年第 2 期。

② 景天魁：《社区文化与社区发育的逻辑》，《北京工业大学学报》（社会科学版）2007 年第 3 期。

声，又要有意识地积极培养。

二是社区文化的核心是培育现代社区精神。社区在本质上是一种精神的存在，是人们在参与社区生活中形成的共同价值。这些共同价值既有作为现代社区普遍适用的公共价值体系，如公共精神、公共责任的培育，合作互助精神的弘扬，睦邻友邻精神的重塑等，包括24字的社会主义核心价值观的宣传，也有甲社区区别于乙社区的特殊的社区文化精神，如党中央、国务院所在地的西长安街地区长期以来形成的红墙意识，就是一种渗透在地区上到官员下到百姓的全部社会文化生活的共同价值，已经积淀为一种地区特有的文化心理结构。

三是建设社区文化需要形成共建共享机制。营造社区共同的精神家园需要社区居民、社区组织和驻社区单位的广泛参与；或者说，只有在社区利益相关者的广泛参与中，共识才能形成，认同才能实现，共同的精神家园才有基础。这就需要创新理念，以社区利益相关者为主体建设社区文化；创新载体，以各种群众喜闻乐见的“文化活动”为载体来进行社区文化的共建共享；创新平台，充分重视互联网媒介，充分利用大数据资源，做好“互联网+”的文章，通过社区网络平台聚集人气、增进共识；创新方法，挖掘社区历史文化传统，嫁接现代时尚文化，凝聚社区精神，促进社区认同。

二　以红墙文化为核心打造居民精神家园

“红墙”是全国人民对中南海的形象称谓，是中央政权的象征。西长安街街道是党中央、全国人大常委会、国务院的所在地。其特殊的区位决定了西长安街地区承担着特殊的职能，地区社会、政治、文化生活直接与党中央、国务院、中央军委等党政军领导机关的工作联系起来，地区环境、人文素质与国家形象、首都风采直接相关。在这种特殊职能的长期浸润下，以大局意识、服务意识、首善意识为中心的“红墙意识”已经深入地区社会文化生活的方方面面。多年来，西长安街街道把“红墙意识”作为一种特殊的社区精神善加培育，以“红墙意识”为核心构建地区公共文化服务体系，通过公共文化基础设施建设、人才队伍培育和品牌活动打造，逐步使“红墙文化”成为西长安街人一种特有的生活方式，进而形成一种特殊的地区文化品牌，为“京城第一街道”注入了灵魂。

（一）加大基层文化投入，建设一流文化设施

坚持文化惠民原则，西长安街街道立足文化建设的基础，着眼满足人民基本文化需求，保障人们基本文化权益，以进一步提升硬件设施的服务水平为切入点，积极构建和完善结构合理、功能健全的基层公共文化服务体系，通过加强文化场所、文化设施的纽带和桥梁作用，扩大了社区文化活动的辐射面，提升了群众参与社区文化活动的积极性和参与度。

加强社区文化基础设施建设，为公益文化落到实处提供硬件支撑。随着街道、社区文艺团队数量和规模日益增加，群众对排练场地、活动经费的需求也明显增多。几年来，西长安街街道一直积极推行和落实市区倡导的“1121”工程，在解决社区办公用房的同时也积极挖掘可利用的文化场地资源，完成了活动站、图书室、数字影院、社区教育学校等文化服务设施的建设工作。13 个社区全部按照西城区“1121”工程标准配备文化活动室，为社区居民就近享受文化服务提供了场地保障。为了充分发挥现有设施的功能，街道重新调整了两家街道图书馆的位置，增加了阅览面积、阅览坐席，硬件设施也有一定的扩充，各方面设施条件明显改善，还增设了北京市民政务信息查询系统，满足社区居民对图书阅览以及信息咨询的需求；充分发挥数字电影放映设备的服务功能，制定了详细的放映制度，固定专人放映、固定专人维持场地环境，每个月 20 日之前向社区公示下一

个月放映计划，如今已经形成了较为成熟的数字电影放映体系，在地区形成了一定的电影文化氛围。与此同时，街道还努力寻求与地区单位的合作，挖掘可利用的排练场地资源。如钟声社区的全总文工团、和平门社区的北京市文联、高登大厦楼宇党建会议室，这些资源的利用有效缓解了各类民间艺术团队排练场地紧缺的问题，同时也更好地发挥了地区文化活动厅室的服务功能。

推进地区综合文化服务设施建设，创建红墙文化特色阵地。在全面提升地区公共文化设施水平的基础上，2012 年 3 月，街道整合社区资源，多方筹措资金，建成西长安街街道文化活动中心并无偿提供给驻区单位、社区居民使用。活动中心总面积达到 1300 平方米，内设 16 个活动室，可同时承载千余人参与活动。依据功能划分，文化中心设有乒乓球练习场、京剧室、舞蹈室、小剧场、棋牌室、多功能厅、手工室、琴房、图书馆、健身房等 16 个功能室，按照不同情况进行功能分区，东区一层为静区，集培训、学习、创作、休息、交流于一体，西区为动区，主要供居民交流、健身、娱乐、休闲。中心正式运行以来，共接待中外、各级各类团体参观 21 次，参观人数 803 人；举办艺术普及、教育排练、演出及培训、展览活动共计 828 次，受众 45000 余人；放映主题公益电影 52 场，观众 2347 人；组织非遗展览、教学 35 次，参与人数 5000 余人；图书借阅 11376 册，借阅人次达 5369 人；平均每天接待 160 人次，累计接待人数已超过 65000 人。这一平台的搭建传承和弘扬了“红墙文化”，以文育人，以文化人，为地区单位和居民群众提供了优质的文化需求服务。

文化活动中心的落成也为街道红墙艺术团的成长和发展提供了硬件保障。街道红墙艺术团表演队常年在此活动，作为主阵地，活动中心也非常注重团队活动的质量，全程协助各个团队制定活动的内容，并聘请老师，为团队进行专业指导。据统计，文化活动中心每周为红墙艺术团提供活动时间不低于22次。正式运行至今，累计参加排练、培训、演出的红墙艺术团员人数达到43000人次。

（二）培育特色文化团队，建设一流的文化队伍

强基础、重培训，培育文化骨干队伍。基层文化队伍建设是做好群众文化工作的重要保障之一，培养文化骨干在社区文化工作中起着非常重要的作用。街道对做好文化骨干的培养工作予以高度重视，建立了街道—社区—群众自上而下的连贯体系，使社区文化工作有序、规范的开展。为确保基层文化（体育）工作正常运转，街道13个社区都配备了专、兼职文体干部，在社区换届中也及时对换岗文体干部进行调整到位，确保了基层文体干部队伍的稳定性。目前街道综合文化站配备站长1人，专、兼职文化员各1人，社区文化员13人，文化程度均在本科以上，形成了一支年龄结构合理、素质较高的文化员队伍和人员分工明确、层层有人抓的文体工作体系。街道每年定期组织文化指导员培训，切实做好百场讲座工作。2014年街道累计组织社区500余人次参加社区文化工作方面的专题讲座，在社区开展讲座70余场。通过培训学习，大大提高了文化骨干和文化专干的业务水平，充实了辖区文化指导员的团队力量，为地区文化工作的进步、社区文艺团队水平的提升做好了人员保障工作。

加大投入，重点扶持，以点带面，整体发展。街道在团队发展上坚持重点扶持、整体发展的原则，一方面重点扶持地区内具有一定规模、水平、特色的团队，逐渐培养了一批较为成熟、能够代表地区特色的优秀团队，另一方面通过优秀团队的感染，带动地区内其他团队的发展，以点带面、以强带弱，逐步推动整个地区团队的发展，在团队建设方面取得显著成效。一是重点扶持，打造精品。街道高度重视优秀团队的建设工作，严格按照《西城区群众性优秀品牌文艺团队管理和资金支持暂行办法》等相关文件精神的要求，深化“红墙意

识”的指导作用，制定了详细的团队培养计划，在培训创作、添置服装道具、编排节目、交流演出等各项工作中认真落实、积极推进，取得了一定的成效。二是以点带面，整体推进。在打造街道精品团队的基础上，加强了对其他地区文艺团队的扶持，组织街道与社区团队结对子，通过街道团队的引导、带动、帮助，逐渐推动地区广大社区民间文艺团队的发展，使地区团队的整体水平上了一个台阶。街道利用公益金加大了对团队的投入，为团队提供了广泛的平台，让团队之间相互交流、相互促进，通过在地区的文艺演出，以宣传形式逐渐带动了地区内一大批小规模团队的发展。随着团队建设的开展，街道与时俱进，及时对红墙艺术团进行了调整，更新了部分队伍，并进行了扩充，由原来的 8 支变为现在的 12 支。由红墙艺术团带动的社区文化团队发展蓬勃，门类众多，社区 54 支队伍呈现出一派百花齐放、欣欣向荣的景象。为推进社区文化建设，凝聚群众力量、维护和谐稳定提供了重要保障。三是保护文化遗产，传承特色文化。在提供文化平台的同时，街道领导注重发掘和保护中国的传统文化。为保护和传承京剧言派艺术，街道以文化中心为依托，帮助言派艺术传承人成立言派艺术研究会。现在，西长安街地区已成为全国言派艺术研究的中心。包括对夏威夷吉他和曼陀铃乐器演奏等的发掘和扶持，都成为北京地区独树一帜的特色文化。

（三）弘扬红墙文化，打造一流的特色品牌

充分利用地区文化资源优势提升地区文化品质。街道地域内拥有众多国家级艺术殿堂，为更好地为辖区居民提供服务，街道与其建立长期的共筑共建机制，形成了地区文化资源共享网络。利用高端文化艺术资源培育提高地区文化素养，开展居民“走进高雅艺术殿堂”活动，邀请北京市文联、国家大剧院的专家参与社区文艺活动，为地区学校、社区居民开设高雅艺术普及课程等，依托艺术殿堂的资源优

势，通过使参观与艺术普及教育结合，有效提升了居民的文明素质和文化素养。

打造“红墙杯”文化活动品牌激发居民参与。街道把“红墙杯”系列活动定为“一街一品”特色品牌活动。2005 年至今，“红墙杯”合唱节已成功举办八届，唱响了人民大会堂、北京音乐厅、中山音乐堂、西单文化广场、国家大剧院这些国家顶级音乐殿堂，驻区中央机关、部委、市属单位、部队、商家、学校和社区都积极关注并参与其中。连续举办八届的“红墙杯”乒乓球赛，为健身爱好者提供了很好的平台，驻区中央单位很多领导也参与进来与地区居民一道切磋球技，参与人数从最初的百余人逐渐发展到现今的上千人，成为地区文化交流的盛会。在合唱节、乒乓球赛等单项活动取得成功的基础上，街道于 2013 年进一步举行综合性“红墙杯”文化体育季。第一届文化体育季的活动，历时三个多月，包括合唱节、篮球赛、乒乓球赛，还有非遗展览、体质测试等 10 余项精彩的群众赛事。2014 年的第二届红墙杯的文化体育季，包括中央单位、市属单位、非公企业、部队、学校等上百家各类单位都参与其中，累计参加人数超过 6 万人次。在“红墙杯”这个品牌的引领和带动下，街道在 2012 年创立了全国社区教育示范街道，学习型社区从 2010 年的 6 个增加到 2014 年的 11 个，体育生活化社区从 2010 年的 2 个增加到 2014 年的 11 个，科普社区由 2010 年的 1 个增加到 2014 年的 7 个。

建设“红墙艺术团”提升社区文化活动水平。“红墙艺术团”是西长安街街道自己品牌下的一个基层文化艺术团，红墙艺术团共有街道级的团队 6 支、社区级的团队 13 支。2005 年至今，街道红墙艺术团已经走过整整 10 个春秋，参加了多项市区级比赛，累计获得一等奖 76 个、二等奖 151 个，义务慰问地区居民演出达 700 余次，为地区居民培训授课 900 余次，受众人次过万。在凸显地区特色的同时，街道以红墙艺术团为依托，开展合唱、京剧、秧歌、拉丁舞、民族舞、健身操、乒乓球比赛、羽毛球比赛、国学讲座、非遗教学、环社区健身行、趣味运动会等系列文化活动，深受群众喜爱，参与率逐年提高。参与社区文化活动已经成为地区居民和驻区单位工作之余充实文化生活、参与社区建设的一种行为习惯。由红墙艺术团带动的社区文化团队蓬勃发展。作为红墙艺术团的延伸和候补团队，街道利用公益金积极扶持社区文化团队，如义达里京剧队、巧娘工作室、西交民巷京剧队、乒乓球队、和平门社区合唱队、太极扇队、舞蹈队等都有了一定的规模，并代表街道参加市区比赛。门类众多的54 支社区文化队伍呈现一派百花齐放、欣欣向荣的景象，为推进街道社区文化建设、凝聚群众力量、维护和谐稳定做出了重要贡献。

三　“红墙文化”特色品牌建设的特色与经验

总结西长安街街道打造“红墙文化”品牌的成功经验，主要有以下四条。

（一）站位高

街道工委办事处把建设“红墙文化”作为打造“京城第一街道”的基础和灵魂，纳入地区发展与治理的总体框架中予以统筹推进，推进力度大。

（二）系统化

统筹考虑地区品牌文化建设与社区建设，基础设施、制度支持、人才培养、平台建设系统化推进，软件、硬件、插件一起做，契合了社区文化发展的规律。

（三）接地气

充分发挥党和国家、军队领导机关所在地的区位优势，紧紧抓住“红墙意识”这个灵魂，全方位塑造“红墙文化”体系，具有广泛的群众基础和现实价值。

（四）标准高

围绕建设国际一流和谐宜居之都的目标，始终以“京城第一街”的标准建设地区文化体系，从基础设施到人才队伍都按照国内一流标准予以严格要求。

四 “红墙文化”特色品牌建设的启示与思考

文化是地区发展的软实力。品牌文化是代表文化软实力水平的旗帜，在塑造地区文化心理结构、增强地区认同度与自豪感和扩大地区知名度与影响力等方面具有重要意义。下一步要继续扩大“红墙文化”的影响力，提升其品牌价值，进一步做到以下“三化”。

（一）以“历史化”为主线，提升“红墙文化”品牌价值

善于把品牌文化建设与品牌文化的起源、发生、发展的历史相结合，深度挖掘历史积淀的品牌价值，赋予其新的时代内涵，既追根溯源、传承经典，又对接现实、呼应时代，增强品牌文化的厚重感和时代感。

（二）以“故事化”为重点，提升“红墙文化”品牌内涵

注重深入挖掘品牌背后的文化支撑，讲好长安街故事，突出品牌

的亲和力，让品牌有血有肉，使品牌文化更具鲜活感，增强品牌的灵性，让“红墙文化”品牌放射出更加神奇夺目的光彩，进而增强参与者、消费者的自豪感与使命感，引起共鸣。

（三）以“社会化”为抓手，提升“红墙文化”品牌效应

品牌文化的社会价值和经济价值要实现有机融合。深化基层文化体制机制改革，引入社会的力量，利用市场的力量，运用社会化、市场化的方法，不断丰富品牌的内容和形式，放大品牌文化效应，努力提升品牌文化的市场价值，增强品牌文化的可持续发展能力。

参考文献

滕尼斯：《共同体与社会》，林荣远译，商务印书馆，1999。

姚广才：《基层文化建设浅议》，《攀登》2010 年第 2 期。

何婷婷：《探讨如何加强基层群众文化建设》，《大众文艺》2014 年第 23 期。

梁颖：《基层群众文化团队建设与发展》，《黄河之声》2014 年第 5 期。

郎友兴：《从小区到新故乡：社区文化与中国城市社区建设》，《浙江社会科学》2013 第 5 期。

冯钢：《现代社区何以可能》，《浙江学刊》2002 年第 2 期。

景天魁：《社区文化与社区发育的逻辑》，《北京工业大学学报》（社会科学版）2007 年第 3 期。

B.12
义达里社区："睦邻之家"开启熟人社区之门

摘　要："睦邻之家"是西长安街义达里社区探索的一种社区建设新模式。"睦邻之家"是在西城区推动"全响应"社会服务管理创新的背景下，依托"六型社区"和精品胡同建设而建立起来的。"睦邻之家"的核心是建立了一个全天候、全方位、全响应24小时为居民服务的自治组织，实现"访、听、解"工作的全覆盖，积极帮助居民解决生活中的难题，逐渐形成由内而外的居民自我组织、自我管理、自我服务的良性发展。

关键词："睦邻之家"　居民自治　熟人社区　西长安街街道

一　"睦邻之家"的设立背景

西长安街义达里社区，面积0.3平方公里。辖区内主要有西四南大街、西黄城根南街2条大街，颁赏胡同、义达里胡同、羊皮市胡同、大酱坊胡同4条胡同，楼门院124个。社区设有党委、居委会、服务站三套班子，社区党委设2个支部。义达里社区属老旧平房区，胡同窄长，房屋密集，出租房及流动人口多，社区安全建设工作艰巨。社区以"平安社区"作为"一社一特"品牌，创造了22年来无刑事案件的优异成绩，连续多年被评为市级综治先进单位。多年来，义达里社区积极探索社区建设新模式，比如，建立“一刻钟服务圈”，设立便民菜站、安装晾衣竿，与社区周围理发店、餐馆、浴室合作，为居民提供快捷便利服务；积极开展“学习型社区、学习型院落、学习型家庭”创建活动，打造社区剪纸社、京剧社、风筝社、棋牌社等有特色、有影响的文化活动品牌，极大地丰富了居民的文化生活；社区建立老年人日间托老所，开设为老餐桌，建立健康档案，与志愿者签订“一帮一为老服务”协议，为老人提供打扫卫生、上门聊天、读书阅报等服务，引导老人健康快乐地生活；打造精品胡同，加强综合治理，成为鲜花夹道、翠竹掩映、环境宜人的“精品胡同”，实现了环境整洁、管理规范、服务完善、安全稳定、健康幸福、文明祥和的目标，成为“六型社区”建设的示范社区。

2012 年，在西城区全力打造“全面感知、快速传达、积极响应”的“全响应”社会服务管理格局的背景下，西长安街街道提出了“以维护稳定为核心，以服务民生为根本，以创新发展为途径”的社会服务管理创新思路，最终选取了正在进行“六型社区”和精品胡同建设的义达里社区作为试点，探索社区建设新模式，打造“睦邻之家”，逐步探索形成由内而外的居民自我组织、自我管理、自我服务的良性发展模式，较好地诠释了社区居民自治的核心理念。

二　“睦邻之家”的基本情况

“睦邻之家”位于西城区义达里胡同 1 号。2012 年，街道义达里社区利用向华天饮食集团公司租赁的 700 余平方米办公用房，开展社会服务管理创新，建立了科普苑、健康小屋、连心桥法律咨询室、京剧社、群艺空间、图书阅览室等服务场所，实现了“管理有专人、服务有载体、活动有阵地”的目标，成为“睦邻之家”的雏形。社区通过不断拓展渠道，提升服务层次，结合实际情况，建立了全天候、全方位、全响应 24 小时为居民服务的自治组织——“睦邻之家”，做到了“访、听、解”工作的全覆盖，积极帮助居民解决生活中的难题，是义达里社区在西长安街街道全响应社会服务管理创新理念指导下，探索社区建设新模式的产物。

“睦邻之家”力求通过建立“一个机制”，开展“两项服务”，最终实现“一个服务承诺”。

“一个机制”，即以楼门院长和志愿者为骨干、全民参与的互助联动机制，并成立治安消防应急队、治安出租房劝导队、一对一为老服务队、绿化认领队等多个服务小组。

“两项服务”，即 24 小时“访、听、解”和便民服务。24 小时“访、听、解”指的是“睦邻之家”24 小时全天候为居民服务，收集、整理、解决居民日常生活中遇到的难题；便民服务包括平房区物业管理等常态化服务项目和针对某一特殊群体开展的针对型服务项目这两种形式。

“一项服务承诺”，即“居民困难对我说，我尽全力来解决”，“睦邻之家”全天候、全方位、全响应、全覆盖 24 小时为居民服务。

三 “睦邻之家”的主要做法

“睦邻之家”的建设受到了北京市委市政府、西城区委区政府主要领导的高度关注，区领导、区社工委、区民政局等领导给予高度赞扬，并多次前往考察，借鉴义达里社区的居民自治经验。

（一）成立工作小组，开展需求调研

在街道办事处的指导下，义达里社区成立了由社区工作者、楼门

院长、居民代表、普通居民组成的"睦邻之家"筹划小组，负责成立前期的各项工作。为了最大限度地满足居民需求，筹划小组和社区志愿者，在社区开展多种形式的居民需求调查，了解居民对成立"睦邻之家"的想法及实际需求，并将想法、需求整理成册，作为制定"睦邻之家"工作制度和职责的参考资料。根据调查结果，确立了以楼门院长和志愿者为骨干、全民参与的互助联动机制，制定了严格周密的管理制度，提出了"居民困难对我说，我尽全力来解决"的服务承诺，成立了治安消防应急队、治安出租房劝导队、一对一为老服务队、绿化认领队等多个服务小组。

（二）建立长效机制，提供综合服务

"睦邻之家"目前由1名社区工作者负责日间管理，3名社区保安负责夜间值班，另有10名社区居民志愿者负责轮流值勤。"睦邻之家"在运行过程中不断积累经验教训，主要为居民提供两个方面的服务：一是24小时"访、听、解"；二是绿植养护、为老服务、治安维护等便民服务。"睦邻之家"通过24小时全天候服务，收集、整理居民在日常生活中遇到的各种难题，积极解决为民服务问题。服务小组不能解决的问题，则将之记录在民情日记本上，报送到居委会，由居委会协调解决，包括为居民解决维修问题、为老年人测量血压、帮助协调居民纠纷等大小事。

"睦邻之家"的便民服务主要分为常态化、针对型两种形式。常态化服务主要体现在平房的物业管理上，包括维护胡同内环境整洁、调解邻里纠纷、进行治安消防知识的宣传等；针对型服务主要是针对某一群体开展服务，其中一对一为老服务就是针对社区的15位高龄老人，为其建立健康档案，服务小组成员按时上门为老年人提供健康检查、心理疏导等服务。此外，"睦邻之家"还会在重大节假日举行主题特色活动。

（三）针对社区实情，解决难点问题

2012 年，义达里社区被街道选取为“六型社区”创建示范社区，“睦邻之家”的志愿者积极行动起来，成立环境劝导队，配合公共卫生委员会进行环保宣传，并对社区内 100 余处花池、绿植进行认养，为打造社区优美环境做出努力；针对社区孤寡、空巢、行动不便的老年人“吃饭难”问题，“睦邻之家”的志愿者与西长安街街道幸福家园的老年人配餐中心协调，为老年人免费送餐上门，解决了老年人日常生活中的一大难题。另外，志愿者按时带领老年人到社区的健康小屋进行常规项目的体检，为老年人建立健康档案、宣传健康生活理念，并为老人提供打扫卫生、上门聊天、读书阅报等服务，引导老人健康快乐地生活。

（四）关注时事民生，开展特色活动

在“睦邻之家”的倡导下，社区涌现出众多能工巧匠，成立了 10 余个有特色、有影响的文化活动品牌，如社区剪纸社、健身队、京剧社、风筝社、棋牌社等。这些文娱团队定期组织活动，还会在重大节假日举行主题特色活动。十八大召开前夕，在风筝队的组织者王立军的倡议下，“睦邻之家”举办了“喜迎十八大，风筝寄我情”的主题活动，王立军带领 15 位党员和居民，赶制了 5 个金鱼风筝，表达了十八大召开之际居民的喜悦心情。

四　“睦邻之家”取得的成效与启示

“睦邻之家”的成立不仅解决了社区居民的日常生活问题，而且增强了社区居民的认同感和归属感，社区居民之间逐步从陌生到熟悉、从隔阂到互动，形成了良性互动。通过总结义达里社区“睦邻

之家”的服务模式，西长安街又陆续建成了西单北社区、北新华街社区、光明社区 3 个“睦邻之家”。依托“睦邻之家”，社区深入开展 24 小时“访、听、解”活动。通过 24 小时全天候值守，收集、整理居民需求信息。截至 2014 年 10 月底，4 个“睦邻之家”合计接待居民 1650 余人次，解决居民困难事件 91 件；开展常态化平房区物业管理，提供环境维护、绿化养护、邻里纠纷调解等七大类日常服务，累计调解各类纠纷 24 起，日均受益人数达 50 余人；同时，针对特殊人群开展精细化为民服务，如开设连心桥法律咨询室，建立“健康小屋”，为居民群众提供法律咨询、健康检查、心理疏导等服务。据初步统计，4 个“睦邻之家”拥有为民服务志愿者队伍 12 支、居民兴趣小组7 个。

（一）提高了居民参与社区建设的意识

“睦邻之家”举办的各项活动深受广大居民的喜爱，很多社区居民在活动中找到了志趣相投的伙伴，增进了社区邻里之间的感情。在社会工作者的带动下，“睦邻之家”的志愿者积极整合社区资源，激发了社区居民的热情，涌现出了一批活动领袖。社区居民在“睦邻之家”没成立之前对社区建设和社区活动的热情不高，而如今他们都开始走出家门，积极投身到“睦邻之家”，参与社区建设或是社区活动，居民自我管理、自我服务、自我教育、自我学习的自治能力得到提升。

（二）营造了社区邻里之间的和谐氛围

“睦邻之家”开展的一系列活动，为社区居民打造了互相交流感情的平台，吸引了大批的社区居民参加，极大地增强了社区居民的归属感和认同感，减少了影响社区稳定的不安定因素，为居民平安、幸福、和谐的生活奠定了良好的基础，逐渐形成和睦融洽的社区环境。

（三）畅通了社区居民的利益诉求渠道

“睦邻之家”开展的24小时“访、听、解”服务，切实为居民解决日常生活中遇到的各种难题。即使没有解决的问题，也通过社情民意日记本、督办单等形式转移到社区和街道，为政府为民办实事提供了参考意见和建议。街道和社区在健全运行机制、加强队伍建设、完善服务设施、整合社区资源、加大经费投入等方面积极探索，不断提高“睦邻之家”为居民服务的水平。同时，在总结“睦邻之家”经验的基础上，在其余12个社区，逐步探索符合各社区实际情况的社区民主自治模式，进一步完善以群众需求为导向的社会服务管理“响应”链，使输血型的社区自治模式向造血型的社区自治模式转变。

（四）提升了社会管理服务创新模式

2014年，西长安街街道在全响应社会服务管理创新推进大会上提出了“以维护稳定为核心，以服务民生为根本，以创新发展为途径”的社会服务管理创新总体思路，确立了以“访民情、听民意、解民难”工作为抓手，建立规范有效的信息采集体系和社情民意处理、研究机制。街道结合13个社区“一社一特”建设成果，选取了正在进行“六型社区”和精品胡同建设的义达里社区作为试点，探索社区建设新模式。义达里社区在精品胡同创建过程中，发现老旧平房小区在绿化、保洁、共用设施设备维修、治安、停车管理等方面存在诸多问题，萌生了建立全天候、全方位、全响应、全覆盖24小时为居民服务的自治组织的设想，于是，“睦邻之家”应运而生。“睦邻之家”采用访谈、问卷调查等形式广泛开展调研，引进现代化都市社区服务机构，优化“睦邻之家”的功能区域规划，合理配置活动空间，使社区所提供的活动和服务由全面周到向综合立体方向转变。

（五）积累了扩大民主自治的经验

义达里社区“睦邻之家”的建立及其丰富的内涵，不仅使社区居民自我管理、自我服务、自我教育、自我学习的自治能力得到提升，减少不安定的社会因素，为居民平安、幸福、和谐的生活奠定了良好的基础，也使居民参与社区建设的热情和潜能得到挖掘。街道和社区也在健全运行机制、加强队伍建设、完善服务设施、整合社区资源、加大经费投入等方面积极探索，不断提高“睦邻之家”为居民服务的水平。

参考文献

陈建：《西长安街建 24 小时社区服务站》，http：//www. bj. chinanews. com/news/2013/0124/27789. html，2013 年 1 月 24 日。

西城区新闻中心：《西城区："全响应"创造城市美好生活》，《北京日报》2014 年 1 月 21 日。

B.13

西单大数据人流监测预警系统的运用及思考

摘　要：　地处西长安街街道的西单商业区是一个人流、物流、资金流、信息流等高度集聚的区域，其管理和服务工作涉及治安维稳、环境保障、商业服务、活动保障等诸多方面。西单人流监测预警系统通过实时监测重点人流集聚区域的数据信息，运用大数据分析手段，采用平台化运行方式，为实现西长安街城市精细化管理提供了有力的支持。

关键词：　城市管理　管理人流预警　西长安街街道

城市是人类文明的重要组成部分。加强城市管理，是发挥城市整体功能，促进经济、社会可持续发展，实现城市物质文明、精神文明建设协调发展的重要保障。落实首都新定位，建设国际一流的和谐宜居之都，对提高北京城市管理精细化水平提出了更高的要求。作为首都核心功能区的重点商业街区，西单商业区对城市精细化管理的需求显得更加迫切。

一　西单商业区需要进一步提高治理水平

西长安街街道辖区内的西单商业区，南起西绒线胡同西口，北至灵境胡同西口，南北长 1600 米，东起横二条胡同，西至华远北街，以西单北大街为轴线东西进深 200 ~ 300 米，占地 0.8 万平方公里，核心地段 880 米，延伸长度 5400 米。

西单商业区是北京传统的重点商业功能街区，其主要特点：一是企业和个体经营众多，业态丰富。西单商业区目前拥有各类企业、商家共计 570 余家，其中，百货店 4 家、专卖店 5 家、餐饮 144 家、休闲娱乐 6 家、老字号企业 1 家、住宿酒店 4 家。营业面积万平方米以上的大型零售企业 13 家。行业涉及百货、餐饮、娱乐、住宿、金融等。随着西单大悦城、西单美晟广场（老佛爷）等大型商场的相继落成，西单的产业结构由原有的中、低端向高端发展，正逐步形成集购物、旅游、商务、娱乐、休闲、住宿于一体的现代商业区。截至 2013 年末，西长安街地区共有个体经营户 4428 个，其中，在西单商业区楼宇开展经营活动的个体经营户就有 3680 个，分布在 109 大厦、西单明珠、西单文化广场、新一代商城、华威大厦等 8 个楼宇中，西单商业区楼宇经营的个体经营户占到辖区个体总量的 83.11%。地区个体经营户管理模式趋于楼宇化。二是人流量大，安全维稳工作压力大。据西单人流量监测数据统计，仅 2014 年第二季度，往来西单商业区的人流量平均每小时达到 13845 人次，法定节假日达到 17017 人次，车流量合计达到每小时 2586 辆次，合计 2014 年 1 ~ 10 月的客流量达到 3851.29 万人次。三是管理和服务工作涉及面广。西单商业区的管理与服务工作涉及诸多方面，既有治安维稳、环境保障，又有商业服务、活动保障，这对管理服务水平和能力提出了更高的要求。

为了适应西单商业区的管理服务需求，提高管理服务水平，西长安街街道办事处专门设置了西单商业区综合管理办公室，统筹负责西单商业区的各项管理服务工作。办公室坚持“以人为本，科学管理，高效服务”的工作理念，强化“西单无小事意识”、红墙意识、责任意识和服务意识，以维护区域和谐稳定为重点，以体制机制创新为抓手，以提升驻地各执法作业队伍能力为支撑，发挥统筹协调职能，逐步形成了政府牵头、职能部门配合、作业队伍保障、地区商家支持的综合管理服务模式。一是建立了地区会商制度、职能部门例会制度、作业队伍例会制度等一系列会商机制，统筹地区各项管理执法、服务保障和活动开展，努力推进区域的服务保障机制建设。二是逐渐建立了“日联合巡查、重点抽查、周例会、月考评、半年绩效考核”管理监督机制，推动地区的各项管理与服务工作能够统筹开展、高效落实。三是构建“网络”化应急管理指挥平台。依托公安机关专业力量，联合多部门及各商家的作业队伍，充分发挥商业区800兆无线电台网络及人群预警系统的优势资源，形成联勤联动、快速反应的西单商业区全覆盖、立体化的应急指挥工作体系，规范处理突发事件的程序，提升处理突发事件的能力。

尽管西单商业区综合管理办公室在维护西单商业区秩序、提升管理服务能力方面做了大量的工作，特别是其构建的“政府牵头、职能部门配合、作业队伍保障、地区商家支持”的综合管理服务模式，形成了现代社会治理的格局，实现了由“管理”向“治理”的转型，取得了重要成就，但面对庞大的人流和庞杂的管理服务项目，要进一步实现管理精细化、服务精准化，就还需要借助科技的力量，有效运用信息化和大数据技术，提高治理水平。

二　西单人流预警系统为精细化管理服务提供技术支撑

（一）“智慧西单”框架下的西单人群预警系统

为了进一步提升西单商业区管理服务的精细化程度，充分利用现代信息和大数据技术对人员密集场所客流量、客流密度的科学准确预警，有效预防和避免安全事故发生，从2009年开始，西长安街街道办事处联合北京市劳动保护科学研究所，在北京市科委绿色通道项目“西单地区人员密集场所预警系统及示范工程”以及西城区政府的大力支持下，开展了人群预警系统的持续性研究。

全国首个人流预警系统于2009年建成。项目建成了西单人群预警系统，一期和二期共建成37个人群聚集风险监测点和13个高速球机，并建设了全新的中心控制机房，开发了远程移动PAD发布系统，实现了人群现场、预警中心、远程决策的互联互通。项目建成以后，随着西单地区服务管理的信息化、智能化水平的不断提高，西单地区应急指挥平台和“智慧西单”项目逐步实施，西单人群预警系统发挥着越来越重要的技术支撑作用。

2014年，西单商业区的管理和服务工作立足“中国著名商业街”标准，紧紧围绕“提升精细化管理、提倡商家全参与、提供多协调平台”的“三提”工作思路破难题、建格局、促保障，由西长安街街道办事处牵头，联合地区各职能部门、各专业作业队伍和各商家，共同搭建应急指挥平台。指挥平台以方便日常办公和各项指挥为前提，以注重内容、讲求实效为要求，充分考虑先进性、实用性、兼容性、发展性和经济性，通过800兆电台，将区域内各部门、各商家进行串联，利用西单人群预警系统，对商业区进行有效监控和危险预测，及时发现各类危险，随时处置突发事件。

在应急指挥平台的基础上，结合地区作业面积及设备设施测定，西长安街街道进一步研发“智慧西单”管理系统。“智慧西单”管理系统重点分为两部分：一部分是管理智能化系统，用数字化手段统一处理城市管理服务信息，通过三维立体的区域管理系统，达到地区城市运行管理和治安秩序管理精确化、系统化、科技化，配合西单预警指挥平台全面实现地区地上、地下管理全覆盖、全响应；另一部分是服务智能化系统，实现西单商业区三维立体引导服务模式，为来此购物的顾客提供全方位的智慧引导服务。

以西单商业区新服务用房启用为契机，西单商业区应急指挥平台将组建实体的西单商业区综合管理指挥中心。根据西单商业区综合管理需要，地区公安、城管、工商三个执法部门，环卫、保安、非机动车管理三个作业队伍将选派骨干力量驻扎指挥中心。中心以客流预警系统监控升级为手段，以西单 GO 微信平台运行为辅助，构建从中心到专业部门再到各商业企业分层级的管理指挥体系，形成一个集决策指挥、科学管理、应急会商、社会服务管理等多功能于一体的社会服务管理综合指挥平台，进一步加大西单商业区城市服务管理和综合治理工作力度，提高应急指挥和处置能力。

（二）西单人流预警系统的主要功能

西单商业区由于聚集了大量的大型商场、过街天桥、地铁站等，每日客流量数十万人次，是北京人流最为密集的场所之一。加之区域交通发达、客流量大，人群流线复杂，特别是节假日，短时间内人流高度聚集的情况很容易发生，存在人群拥挤踩踏的隐患。人流预警系统的建立对于有效预防安全事故发生提供了技术支持。人流预警系统的主要功能和特点如下。

一是预测未来人流量，实现城市管理资源的精准投放。西单人流预警系统分布众多监测点，在过街天桥、地铁站口、商场出入口、公交站等地设置图像采集摄像头，提供人流实时监控信息。预警系统中的图像智能识别装置，根据监测点捕捉到的人流信息，实时计算人群流量、密度和步行速度等多项技术参数，利用多种预测模型，实现每小时、每天和每周的客流预测，并及时发出预警，调动人力实现疏导，避免风险发生。预警系统的数据可提前半小时对重点区域人群安全容量进行预警，为管理部门提前编制重点区域值班、执勤计划，科学调度管理执法资源做参考。

二是采集客流数据，及时排查隐患。人流预警按预测人流超过最高流量的不同比例分为红（100%）、橙（90%）、黄（80%）、蓝（60%）四级预警。城管队第一时间接到警报，及时赶赴现场疏导限流，避免人流聚集。通过广泛安装在辖区不同地点的监控视频，实时采集客流数据，由无线网络自动传输到指挥中心，在智能分析的基础上提供监测客流量、预警干涉决策辅助信息。与此同时，对非正常聚集、非法入侵、人包分离等异常行为加以防范，更有利于服务于步行交通、步行空间优化等方面的研究和管理工作。

三是实时预警，实施预警处置。人流预警系统由数据输入端、处理端和数据输出端三部分构成。数据输入由大量图像摄像头采集数据，包括人流密度、分布、流量等；处理端对采集的数据进行分析汇总，发现规律形成决策支持；数据输出端通过算法进行建模，判断出实时人流状态，预测未来短时人群聚集态势。当客流数量达到设定阈值时，及时进行客流报警，并同时启动相应的预警方案，预防发生安全事故。

四是平台化运作，四大模块形成预警系统。预警系统平台布局有四大模块。一是视频监控模块，主要发挥对客流数据的实时监控功能；二是客流检测分析通信模块，主要发挥对客流数据的智能分析功能；三是客流报表统计模块，主要发挥对客流数据的系统管理功能；四是管理模块，主要发挥预警、预案和处置功能。

（三）西单人流预警系统的运行成效

西单人流预警系统是一个集监测、预警、控制于一体的智能化管理系统。系统应用视频智能分析动态人群运动参数，进行实时监测；运用人群聚集风险预警技术判断人群聚集风险，并实时报警；结合人群疏散管理技术，及时给出风险控制方案。作为一个现代化的智能管理系统，系统为提高西单商业区的管理服务精细化水平提供了有力支撑。

一是提高了管理服务的精准度。系统实现了对地区客流量、人群聚集密度、人群聚集区域的实时监控，同时对可能发生的人群聚焦风险进行分析、预警、预报，并提供控制方案，方便管理者有针对性地监控重点区域，精准投放管理资源，提高工作效率和质量。

二是提升了公共决策的科学性。依靠实时信息交换技术，系统每6秒更新一次数据，能够同时在预警中心和远程PAD上提供实时监测数据、风险预警信息和控制建议方案，为处置突发事件提供决策支持，并为后期的数据分析提供大数据支撑。系统在为60周年国庆、十八大、元旦、“五一”、圣诞节等重大活动和节假日公共安全提供保障方面做出了重要贡献。

三是掌握了人群流动规律。系统有统计功能和数据报表功能，对人群长时流动规律进行积累分析，实现了未来10分钟到24小时人流量的预测，对各个时间段总流量和峰值进行预测，为管理部门对可能的危险区域进行提前干预提供支持，防止出现拥挤踩踏等安全事故。

四是改变了管理服务模式。系统改变了过去传统靠经验的管理模式，预警系统积累的大量数据为编制地区管理规划提供了数据支持。系统监控点布局合理，实现重点区域的全覆盖，为公安、城管等部门提供图像信息和数据支持。人群预警系统为模拟化人群聚集、西单丢失老人寻找、机动车在人行道撞人事件、违法停车等公共安全管理提供了支持。

三　关于深化西单人流预警系统建设的几点思考

城市管理问题的增多、治理制度的滞后、人才的不足，倒逼政府必须走信息化的科学之路。西单客流预警系统的上线运行，基本满足了地区客流的预测与统计需求，但远远不能满足地区庞大的城市运行数据需求，地区的数字化、信息化管理还需进一步推进。

（一）信息化先行是城市管理精细化的必然要求

城市精细化管理依托信息化，形成横向到边、纵向到底、任务到岗、责任到人的工作机制，增强了各级管理人员的责任意识，提高了管理的科技含量。西单地区通过数据化系统，实现城市管理的全时段、全方位覆盖，使管理、监督、服务一体化，形成地区执法部门、作业队伍、商业企业全参与，实现对事物和事件过程的智能化管理，预防和监测西单区域可能存在的安全危险和防范犯罪人群，提高了管理效能。

（二）坚持条块结合是实现数据开放共享的必由之路

推行精细化城市管理必须从城市管理的体制、机制入手，着力破解城市管理体制机制障碍。统筹西单商业区人流量，主要是为布局安全维稳工作提供参考依据。如果能够坚持条块结合的原则，有效整合西单商业区的物流、交通流、活动流、购物流等数据信息，并与政府相关管理部门实现信息开放共享、互联互通，跨越“信息孤岛”和“数字鸿沟”，将更有利于明确和细化街道在西单管理和服务上的功能定位和职责划分，对提升西单形象品位和商业价值，打造时尚西单、魅力西单、人文西单提供重要的支撑。

（三）线上线下同步是拓展网格化管理的必然趋势

信息化的开发运用要以提高效率和优化工作流程为主要思路。拓展网格化管理是解决西单商业区区域条块信息不平衡、不对称的重要突破口。西单人流预警系统实现了城市管理的精细化和专业化、信息化、数据化，需要在此基础上进一步丰富城市管理网格化的内容，实现线上与线下的结合。街道依据线上信息数据分析得出的结论，合理配置管理、服务资源和人员队伍，承担对可巡查发现的城市管理、市场监管、街面治安等领域部件、事件问题的巡查发现、派单、处理、监督、考核，去除西单管理的顽疾。

（四）加强人才队伍建设是实现城市治理现代化的核心支撑

信息化管理者要不断对管理区域的网络系统和数据信息进行建设、更新、维护和升级，并协调用户的访问权限，做到懂技术、会分析。具有信息化专业技能的管理人才缺乏是城市治理中的一个瓶颈。要坚持需求导向和问题导向，以“社会化招聘、职业化运作”为方向，探索构建西长安街以薪酬体系为核心，包括选任招聘、岗位设置、培训考核等要素在内的信息化人才管理体制。

参考文献

王夕：《北京西单商业街监控人潮预警系统首次启用》，《北京科技报》2009 年 10 月 10 日。

刘欢：《人群聚集有风险可迅速预警 目前已覆盖西单等重点区域》，《北京日报》2015 年 1 月 5 日。

徐恒：《大数据助力人群聚集安全预警管理》，《中国电子报》2015 年 1 月 12 日。

B.14

西长安街创建“温馨家园”构建和谐街区的实践

摘　要：　残疾人对社会保障有着迫切的需求，而不同时期对残疾人的帮扶需要不同的处理方式。残疾人救助是现阶段我国残疾人事业的发展方向和目标，是我国构建和谐社会的重要组成部分。但是目前我国残疾人社会保障还存在许多问题，使得残疾人的特殊需求得不到很好地满足。西长安街街道在“温馨家园”建设方面的创新作为残疾人救助模式的一种探索，对其他地区提高残疾人社会保障水平具有重要的借鉴意义。

关键词：　温馨家园　残疾人救助　社会保障　西长安街街道

一　实施残疾人救助与维护社会和谐稳定

残疾人是当今社会中的一个特殊群体，也是一个重要群体，由于身体的缺陷，他们在日常生产生活中常常处于不利的地位，需要政府、社会给予一定的帮助，提供相应的社会保障才能使其享有平等的权利和机会，开展残疾人救助无论是对其个人还是社会来说都具有重要意义。

（一）实施残疾人救助是社会进步的体现

残疾人问题是一个国家和社会发展过程中不容忽视的重要问题，

重视残疾人社会保障不仅是残疾人事业发展的基础内容，更是一个国家或地区经济发展的重要标志，是人类社会进步和文明的体现。要给予残疾人全方位的关爱，禁止歧视、侮辱残疾人以及损害残疾人人格，在精神层面上给予一定的关爱、支持和尊重，在物质层面上给予必要的生活资料，使其生活有所保障，并在就医、就学、就业等方面给予一定优惠和帮扶，保障残疾人的权益。通过社会救助，让残疾人共享社会发展成果。

（二）实施残疾人救助是促进社会公平的手段

社会公平是社会和谐发展的基础，每个社会成员都享有被社会公平公正对待的权利。而残疾人因身体缺陷，容易陷入就学难、就业难、收入低、生活境遇差等困境。社会保障制度作为一种收入再分配的手段，对残疾人实施救助，优先满足社会中弱势群体的利益，在一定程度上可缩小贫富差距，满足残疾人的基本生活需要，缓和社会矛盾，确保残疾人和其他社会健全成员一样享有平等的权利和机会，并获得在资源分配和社会保障方面的平等，最终实现社会公平。

（三）实施社会救助是维护社会稳定的需要

残疾人由于自身的缺陷在社会上处于不利的境地，主要表现为经济收入少、社会地位低、生活窘困、维权难、容易受到歧视等，这会增强残疾人的被社会排斥感和被剥夺感，引发心理失衡，进而对社会充满抱怨。当他们的经济压力和心理负荷积累到一定程度时，少数人可能会走上犯罪的道路，增加社会不稳定因素。实施残疾人社会救助能保障他们的基本生活，减轻他们的生活压力和心理不平衡感，有利于促进人与人、人与社会之间的关系和谐，维护社会稳定。

二　西长安街建设“温馨家园”服务残疾人

北京市西城区西长安街街道为解决残疾人生活困难，秉承“为辖区残疾人做好服务、维护辖区稳定”的理念扎实开展工作，结合群众路线教育，在对残疾人进行走访的基础上，创建“温馨家园”，为残疾人做实事、办好事，促进辖区的繁荣稳定发展。

（一）西长安街大剧院“温馨家园”基本情况

西长安街大剧院“温馨家园”始建于2009年5月16日，是一块寸土寸金的宝地，位于庄严的人民大会堂西侧，北临宏伟壮丽的国家大剧院，总面积246平方米。它是为辖区内残疾人提供服务的场所，服务于13个社区的残疾人，其宗旨是让残疾人不出街道，即可得到康复训练、教育培训、生活照料、文化娱乐等服务。大剧院“温馨家园”，内设“手拉手”职业康复站、辅助器具展示区、作品展示区、文体活动区、图书及免费上网室等多种功能区域，配有7名工作人员进行服务和管理。

大剧院“温馨家园”最突出的特点是以满足残疾人文化需求为出发点和立足点，不断丰富适应残疾人需要的文化产品，打造精品团队，构建满足不同需求的残疾人公共文化服务体系，并积极探索更多适合不同类型残疾人的文化体育项目，使残疾人文化体育活动常态化，做到节日有联欢、日常有活动，让残疾人在各项活动中充分展示自尊、自信、自强、自立的精神面貌，并实现残疾人自身的价值。

此外，大剧院“温馨家园”始终坚持以开展各项文化体育活动为基础，提高残疾人的生活质量，增强辖区内残疾人的凝聚力。同时大剧院“温馨家园”利用其独特的地理位置和丰富的资源，提高对残疾人的服务水平。与中宣部志愿者队伍合作，推出了一系列适合精神、智力、肢体残疾人的康复活动，深受残疾人欢迎。

（二）多项举措推进“温馨家园”发展

西长安街街道为更好地为残疾人提供服务，对残疾人基本服务状况和需求开展走访和专项调查工作，进一步摸清残疾人家庭情况，特别是重点摸清居住在外区的特困人员家庭实情，建立贫困家庭台账，在此基础上开展各项残疾人救助工作。

1. 实施康复工作，提供基本生活保障

一是按照“人人享有康复”的总要求，在社区原有的档案基础上，为辖区所有残疾人新建或完善《残疾人康复服务档案》，为进一步为残疾人做好服务奠定了基础。

二是按照市区残联统一部署，2014 年为辖区精神残疾人开展了 8 期康复训练，寓教于乐，取得了很好的效果，也很受残疾人的欢迎。街道将康复训练作为一个长期项目开办下去。在为精神残疾人开展康复训练之外，街道还对精神分裂残疾人家属进行了培训，培训分为家庭在康复中的重要作用、精神残疾人的用药管理、如何与精神残疾人相处、如何判断和预防精神残疾的复发四期，让家属更多地掌握精神残疾人的心理状况并了解日常的注意事项。

三是根据残疾人需求提供专项服务。例如，为两名一级视力残疾人开展了盲人定向行走训练；为家庭困难残疾人免费发放辅助器具 3 件，并为一名残疾人办理辅助器具补贴 1179 元；为一名脊髓损伤造成大小便失禁的残疾人申请并发放纸尿裤、尿垫等康复护理用品，按照日常用量定期发放。

2. 开展就业工作，促进残疾人就业

一是努力促进残疾人按比例就业。为解决残疾人就业难的问题，残联结合“就业援助月”活动，与社保所配合，联系多家社会企业

在西交民巷社区、未英社区召开招聘会，并与13家单位建立了就业供求信息互通服务渠道，帮助残疾人实现就业。此外，街道还依托社区开发公益岗位，实现托底就业。

二是完成残疾人就业信息采集。街道克服辖区残疾人人户分离较多的困难，采取入户走访、电话询访等形式，对就业年龄段内残疾人就业信息进行采集和录入上报。通过此工作进一步理清了辖区残疾人就业状况，为下一步有针对性地开展残疾人就业工作提供了依据。

三是落实政策，做好残疾人灵活就业保险补贴工作。不定时地对社区工作人员进行残疾人灵活就业政策培训，并通过他们向残疾人进行大力宣传，街道残联依照残疾人个人自愿为其申请保险补贴。

四是积极做好残疾人就业审核和残保金征缴工作。辖区共有3157家单位，为完成宣传任务，街道将任务分解到各社区，加大宣传促缴力度，以社区残疾人工作人员为宣传员，将宣传材料送达到每家单位，对于经营地址已经迁出的单位采取电话催缴的方式。另外加强同地税所的联系，努力完成残保金征缴工作。

3. 实施扶贫解难工作，解决生活困难

对于真正困难的残疾人，残联的帮助是不遗余力的，为辖区困难残疾人办实事、解难题，做了大量的工作。2014年在元旦春节、助残日、国庆期间先后共走访慰问残疾人378人，发放慰问金及慰问品总金额165800元、为8名因病造成生活困难的残疾人特事特办，发放补助金9700元。除节日期间走访慰问之外，对于家庭特别困难的残疾人，残联想办法帮助其解决生活中的实际困难。

4. 组织残疾人文体活动，丰富精神文化生活

在群众路线教育走访过程中，很多的残疾人提出，因为行动不方便，希望残联能多带他们走出家门、走向社会，以及多开展一些文体活动以促进残疾人之间的交流。为满足广大残疾人的需求，街道除了组织残疾人春秋游外，依托残疾人“温馨家园”，组织开展棋牌、乒

乓球、飞镖、合唱、回春操、柔力球、书法绘画、阅读等文体活动。目前街道残疾人飞镖队、乒乓球队、书画队等队伍的活动常态化，通过开展活动，引导残疾人“自尊、自信、自立、自强”。

5. 开展其他助残工作，满足个性化需求

一是志愿活动。2013 年中宣部与残联进行了对接，开展了几次助残志愿活动，但因中宣部领导的调整一度中断，2014 年西长安街街道积极与中宣部联系，并达成一致意见，每月开展一次活动，活动涉及手工、危险防护、烹饪等。

二是法律服务工作。自 2013 年 12 月以来，街道在大剧院和罗贤 27 号两个家园建立了法律服务站，各配备一名专职律师，每周固定用半天时间来为残疾人提供免费的法律服务，截至 2014 年 10 月底共开展法律讲座 2 次、向 95 人次提供法律咨询服务。

三是残疾人免费上网点建设。街道在大剧院和罗贤 27 号“温馨家园”各设一个残疾人免费上网点，每点装配了 4 台电脑，供残疾人上网学习使用。

四是职康站工作。街道根据学员的实际情况设计了各类康复课程，如家事技能、人际关系、居家安全、时间意识、卫生保健、工作技能等，通过演示讲座、实操、互动游戏等形式，让学员们在轻松的氛围中学以致用，其劳动技能和生活技能都得到了很大的提高。

五是信访工作。2014 年街道处理信访件 11 件，通过细致调查，对每一个残疾人的信访内容均进行了圆满的答复。

六是无障碍建设。2014 年街道为辖区 3 户残疾人家庭进行了无障碍改造。

七是建设多功能的残疾人康复活动场地。依托办事处支持，积极挖掘辖区闲置场地资源，建设满足残疾人文化体育及康复活动需求的多功能“温馨家园”，使之真正成为为残疾人服务的阵地。

八是寻求合作，开展残疾人劳动技能培训。残疾人劳动技能培训方面，由于单纯针对本街道残疾人开展就业培训比较困难，街道与街道社保所联合，共同开展针对残疾人和辖区失业人员的技能培训。同时，还与其他街道联合，共同开展对残疾人的技能培训。

（三）“温馨家园”建设显成效

西长安街创建“温馨家园”，促进了就业，改善了残疾人生活状况，为残疾人的基本生活提供了保障，维护了社会和谐稳定。

首先，街道根据多样性的康复需求为残疾人提供有针对性的服务，提高了社区康复服务水平。帮助残疾人进行康复训练，提高他们的生活自理能力、劳动能力和个人综合素质，增强他们身体和心理承受能力，帮助他们更好地走入社会和融入社会，确保他们获得平等机会、享有正常的公益服务，使残疾人普遍受益。

其次，街道通过就业系统完成了辖区内 856 名就业年龄段内残疾人就业信息的采集和录入上报工作。并依托社保所为 11 名残疾人进行了失业登记，为 8 名残疾人进行了求职登记，推荐 8 名有就业意愿的残疾人参加了市区残联组织的就业技能培训，帮助 17 名残疾人实现就业。这项举措从根本上解决了残疾人的实际生活问题，帮助他们彻底摆脱了因失去劳动能力而致贫的状况，让他们有能力为社会服务，从而实现他们的人生价值。

再次，街道及时向无收入的残疾人发放补助，帮助他们解决了基本生活困难。仅 2014 年上半年街道为重残无收入残疾人和未满 16 周岁残疾儿童发放生活补助共计 12.375 万元，为社区就业花钱买岗位的残疾人发放生活补助共计 9.8 万元，发放低保、残疾人生活补助 13.35 万元。另外，为 19 个居家养老（助残）服务商汇总结算助残券（卡）7.2 万余元，改善了残疾人的生活状况，让他们的生活有了保障。

最后，街道采取“志愿者助残”“文化助残”“科技助残”“法律助残”等措施为残疾人提供了全方位的保障，同时，还丰富了残疾人的日常生活和精神文化生活，加强了残疾人之间以及残疾人与社会之间的联系、沟通和交流，帮助残疾人融入社会，并挖掘他们的潜能，促进他们身体和心理的健康。此外，街道还加深了社区居民对残协工作的了解，进而带动全社会关注、关心、关爱、尊重、帮助残疾人，形成共同帮扶残疾人的良好社会氛围，促进残疾人事业发展。

三　西长安街创建“温馨家园”的经验借鉴

残疾人的社会保障问题已经成为公众关注的重点，但其相关的社会保障制度仍然处于摸索阶段，各地都在探索适合我国国情和各地区情的残疾人社会保障制度。西长安街创建“温馨家园”为残疾人送去了温暖，促进了社会和谐发展，其残疾人社会保障工作取得了显著成效，为其他地区提供了可供借鉴的经验。

（一）结合和谐社区建设，积极推进残疾人社会保障

城市社区中的残疾人生活质量与社区保障密不可分，社区为残疾人提供基本生活保障，增强其对社区的认同感和归属感。因此，推进残疾人社会保障，必须要结合和谐社区建设。

一方面是结合社区建设，以社区服务为依托，开展残疾人社区康复活动，建设社区无障碍环境，合理地规划残疾人社区服务的内容和基本范畴；另一方面是创新社区残疾人保障的管理体制和工作机制，发挥好社区居委会和残联的作用，并以社区为依托，调动辖区内各类社会资源，共同为残疾人社区保障工作提供帮助和支持，形成推进残疾人社区工作的合力，逐步建立起符合社区发展需求的社区残疾人工作机制。

（二）建立残疾人就业的保障机制

残疾人就业一直是需要重视和关注的问题，它能从根本上解决残疾人生活难题，实现残疾人与社会的和谐发展。

加强社区与社会组织、企业之间的合作，充分利用社会资源，协同促进残疾人就业，是一个关键性问题。只有凝聚整个社会的力量，才能释放社会蕴含的爱心资源，为残疾人营造良好的就业环境。当然，加强就业技能培训，也是非常重要的方面。要进一步扩大残疾人技能培训范围和人数，从培训人员中选择就业技能强者优先帮扶，并对残疾人工作者进行心理诊断和心理矫治技能的培训，帮助他们克服自卑、自闭、怨恨、极度自私、社交恐惧等心理障碍以及依赖救助等思想，让他们带着阳光心态走向社会、融入社会、实现就业。

（三）加强残疾人保障和服务的专业技术人才队伍建设

残疾人作为社会保障和服务的特殊对象，决定其服务人员需要有较高的素质、专业水平和较强的服务能力。一方面，要对工作人员开展心理学、教育学、社会学和行为学等方面的综合教育和培训。针对不同残疾人的需要，由不同的专业人员为其提供有针对性的指导和服务，如残疾人康复服务就需要具备医学、心理学等相关学科知识的服务人员。由此可见，培养残疾人保障服务专业人员、建设残疾保障服务技术人才队伍是十分必要的。另一方面，要建立健全选人用人机制。可以引入企业式的“选人、育人、用人、留人”人才机制。在人才选择方面，拓宽渠道，可以采用社会招聘的形式，将有社区工作经验或者专业学习经验的人才招揽过来，提高整体工作队伍的素质。只有建立了优秀的人才队伍，才能提升为残疾人服务的水平，促进残疾人社会保障事业的发展。

参考文献

余向东：《残疾人社会保障法律制度研究》，安徽大学博士学位论文，2011。

李远飞：《我国残疾人社会保障体系建构研究》，济南大学硕士学位论文，2013。

胡仕勇、梅紫：《公共服务状况对残疾人就业影响研究》，《调研世界》2015年第4期。

B.15
西长安街城市环境综合治理模式的探索与实践

摘　要：　扁平化、精细化逐渐成为企业管理和城市管理的方向和趋势，核心是通过减少层级、增加管理幅度的扁平化及使常规管理更进一步地实现精细化来达到管理目标的最大化效益。西长安街街道将城市环境综合治理的相关需求和扁平化、精细化管理模式深度结合，积极探索出了一条城市环境综合治理的新路子，既提高了城市运行管理效能，也创新了责权清晰的工作机制，为城市运行管理变革奠定了良好的基础。

关键词：　扁平化管理　精细化管理　城市运行　西长安街街道

一　将规范的管理文化引入城市管理之中

（一）扁平化管理：简化管理层次，增加管理幅度

扁平化管理是一种减少管理层次、增加管理幅度的现代化管理模式。通过将金字塔状的组织形式压缩成扁平状的组织形式，赋予基层组织更多决策的权力。组织扁平化不仅为组织节省费用，提高组织内部的沟通效率，更重要的是优化了管理的功能。一是管理跨度加大，富余人员得到精简，人员素质得到提升，优化了业务流程。二是管理

重心下移，信息传递快捷，应对变化敏捷，提高了管理水平。三是管理成本下降，节约了费用。以权力下放为目的的扁平化管理在于更好地追求高效率和决策的正确性，因此，政府部门也开始探索将扁平化管理运用于政府管理，使得政府简化管理层次、增加管理幅度，提高政府管理水平和办事效率。

（二）精细化管理：实施社会分工，提升服务质量

精细化管理是一种管理理念和管理文化，指社会分工、服务质量的精细化。现代管理对管理责任和管理制度的要求越来越严格和规范，精细化管理的提出和应用也是现代管理的必然要求。精细化管理将管理责任具体化、明确化，要求每一个管理者都要到位、尽职，工作能够做到日清日结。一方面体现了组织对管理的完美追求和对工作严谨、认真、精益求精的追求；另一方面让有限的资源尽可能地发挥出最大效能，通过优化资源、量化责任、规范管理运作和流程，实现目标效益最佳化。

二　扁平化、精细化管理在西长安街街道城市综合治理中的应用

西长安街街道在城市运行管理工作中存在一些薄弱环节，主要表现为：一是属地责任没有真正落实到位，工作标准与区里要求还不相适应；二是工作中还缺乏攻坚克难、创新进取的精神，破解难题的工作力度需要进一步加大；三是干部管理不够严格，工作作风不够扎实，队伍整体素质需要进一步提升。为此，西长安街街道积极寻找合适的管理方式来破解城市运行管理中的难题，通过街道干部队伍的全力探索，决定积极运用扁平化、精细化的管理模式，实现街道城市运行管理工作响应上级号召，全方位、深层次地有效运转。

（一）西长安街街道积极探索扁平化、精细化管理模式

西长安街街道积极探索城市环境保障“扁平化”管理模式，以社区为单位，保洁队伍划片管理区域卫生，直接接受社区考核评定，实现“巡查—处置—评价”一体化和管理责、权、利有机统一的工作新机制。

在具体行动上，街道分别在重点环节上实行精细化管理。一是着眼有特色、创品牌、出经验的目标要求，加强城市环境建设，着力打造一批精品胡同、精品院落、精品单元楼。二是以灭脏、清障、治污、拆违、撤市、治乱“六大战役”为重点，整合区域资源力量。三是探索非直管公房、危房改造处置机制及平房区物业管理服务模式，加大背街小巷的整治力度。四是深入开展市容、交通、市场、旅游秩序专项整治，加强街巷胡同、学校周边、集贸市场和老旧小区环境综合整治，着力解决违规经营、黑车黑导、乱停乱放、环境脏乱等痼疾顽症，严格落实“门前三包”责任制，督促商户主动参与环境秩序维护，合力建设宜居家园，为驻区党政首脑机关和居民群众营造良好的工作生活环境。

（二）建立社区环境卫生扁平化管理的工作机制

西长安街街道制定了《西长安街街道社区环境卫生扁平化管理实施方案》《西长安街街道社区公共设施维护员考核办法》。扁平化管理工作以“全响应”网格化管理系统为依托，由街道主导，以社区评价、作业队伍主责为核心，提升社区环境卫生水平。由街道城管科负责组织实施扁平化管理工作，由保洁队伍负责辖区内的日常保洁任务，接受社区的监督、评价。社区负责监督本辖区网格内环境卫生情况，组织居民定期对保洁员进行评价。

一是保洁队伍按照街道网格化管理要求，结合保洁工作标准，

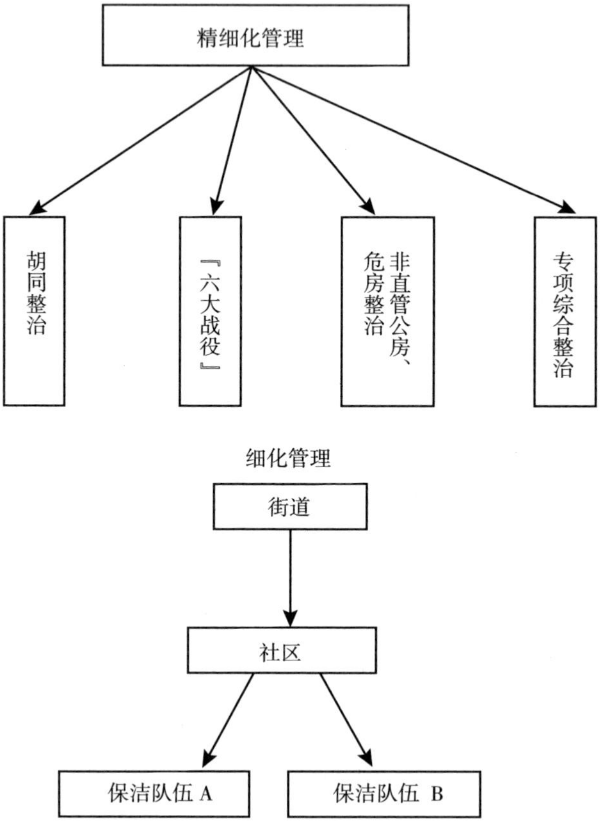

图 1　扁平化、精细化管理工作模式机制

合理划分保洁区域，实名制固定保洁人员，根据社区举报及时赶赴现场处理环境卫生问题。保洁队班长根据负责区域，每周到相应的社区报到，了解社区的意见、建议，及时沟通协调。保洁队队员根据责任区域，按照保洁作业要求，按时到岗，保质完成保洁任务。二是社区负责本辖区的环境卫生监督、检查，发现问题时直接通知保洁管片人员赶赴现场进行处理，检查核实处理情况，每月组织居民代表、楼门院长定期对管片保洁员的工作进行评价考核。三是城管科接到“全响应”管理系统任务后，及时组织相关部门解决问题。定期召开社区环境卫生例会，组织相关考核，做好社区环境卫生工作的组织协调、监督管理；每月根据相关标准对社区、保洁队的工作进行综合考核评价。城管科的社区联系人，每日巡查社区环境卫生，参加社区环境卫生会，及时了解社区环境卫生工作情况，协调解决社区环境卫生问题。

（三）实施环境综合整治精细化管理，营造整洁的市容环境和生活环境

1. 认真做好胡同整治和胡同精细化管理

一是根据年初制定的辖区内精品胡同改造计划和街道临时规划，西长安街街道对胡同院落开展了全面的绿化工作。完成了灵境小区3511平方米绿化面积、371平方米的车棚屋顶绿化和北京市第二医院1609平方米屋顶绿化任务；推进灵境胡同、西黄城根南街、光明胡同、东安福胡同、颁赏胡同、西交民巷、背阴胡同、东斜街8条胡同的绿化美化改造工作，以及义达里社区、钟声2号楼两处绿化美化工作的提升。共计增加绿化面积5756.5平方米，绿化改造面积3626平方米，完成了胡同平房院落和老旧小区的立体绿化美化工作。

二是西长安街街道配合区环境办打造精品胡同，在光明胡同和东斜街开展拆违工作。成立拆违工作组，制订工作方案，加大宣传力度，共发放“致居民的一封信”150余份、悬挂条幅4条、设置宣传展板6块。拆除各种侵占公共区域和绿地、群众反映强烈、存在安全隐患、影响市容环境的违法建设，截至目前，共拆除煤棚等59处，为后期精品胡同改造工程打下了坚实的基础。

三是为创建精品胡同，对胡同院落实施规范的改造（见表1）。对胡同进行精细化管理，其中居民自治、停车管理、绿化提升是最大亮点，改造后的胡同整洁、干净、有绿色长廊，为胡同内居民提供了舒适的宜居环境。

表1　精品胡同规范化改造

胡同院落	重点整治内容
东安胡同、光明胡同	进行精细化管理，其中居民自治、停车管理、绿化提升是最大亮点
织女桥东沿河胡同	改造后的胡同整洁、干净、有绿色长廊，为胡同内居民提供了舒适的宜居环境
光明胡同19号院、35号院和兵部洼45号院	创建了精品平房院，对胡同内29个公房院和私房院配备专业队伍进行了改造
灵境胡同6号楼	创建了精品单元楼
太仆寺街46号院	对废旧危墙组织专业队伍进行了拆除
铜井胡同3号院、东中胡同19号院、小六部口22号院、力学胡同13～21号、北新华136号	对污水管线堵塞进行了改造
大六部口37号	房屋翻建
钟声胡同33号、东栓胡同5～7号、17～19号院、义达里胡同	下水改造
西单北大街、南长街、长安街沿线	广告牌匾修缮，报刊亭转移和规范管理
钟声胡同、北安里胡同、小酱坊胡同、东文昌胡同、南文昌胡同等	拆除违章建筑墙面和地面，分别进行粉刷和铺设透水砖，安装了晾衣架和移动花钵

2. 制定中南海周边地区精细化环境保障工作方案

西长安街地区各部门和相关单位都非常重视中南海周边精细化环境保障工作，西长安街街道不仅把此项工作纳入日常工作议程，更是明确责任领导、完善工作机制、落实工作职责、精细管理、周密安排，将工作落到实处。第一，明确分工，确保实效。各部门充分发挥主体作用，落实相关责任，加大环境检查和工作督导力度，促进地区环境保障办和其他相关部门的紧密合作，每周开展综合检查和讲评工作。第二，布置科学，凸显氛围。重要节日期间，各相关部门要按照简洁朴素、彰显节日气氛的原则开展环境布置工作。第三，积极动员，全民参与。各社区动员广大的人民群众通过志愿服务的形式积极参与到环境保障工作中来，对周边环境进行维护和监督。第四，加强值守，稳妥处置。各部门相关工作人员严格落实领导带班和日常值班制度，对周边环境进行不定期的联合检查，对突发情况及时上报，有效应对突发事件，切实安排好相关人员、车辆、物资装备等，保障各项工作在特殊节日期间能够正常运转，保障城市安全的高效运行。

为了推动中南海环境保障工作有效运行，将精细化管理落到实处，西长安街街道建立了有效的监督机制。第一，定期检查。领导小组不定期对该区域进行抽查，城管科指派专人每日进行巡查。第二，联合整治。每周由城管科负责组织成员单位开展综合整治；街道综合执法小分队对该区域进行经常性执法检查，督促商户、单位、居民自觉维护环境卫生、秩序。第三，做好日常管理。相关部门按各自职责做好日常巡查、维护工作。第四，定期督察。每三个月对工作情况进行汇总、分析。年底对全年工作进行讲评。对出现的问题及时制定对策，予以解决。对不履职、产生严重后果的部门进行批评，并通报其上级单位。

3. 建立联席会议制度，保障城市运行精细化管理

一是确定联席会议成员由街道办事处的城管科、宣传部、民政科、综治办、保洁队、司法所、西长安街工商所、西长安街卫生监督站、西长安街派出所、西长安街城管一/二分队组成。

二是明确联席会工作职责：围绕日常城管工作研究、解决存在的重点、难点问题；联席会议原则上每季度召开一次，如有需要，经任一成员单位提议，可以随时召开全体会议或部分成员会议；加强各行政执法部门之间的沟通与配合，解决行政执法中出现的矛盾和争议；探索、交流、总结行政执法工作的新思路、新方法；其他城市管理的相关问题。

三是建立联席会议制度。第一，联席会议由联席会议办公室负责召集。参会单位收到会议通知后，应按时参会，并结合会议

议题准备相关资料。第二，联席会议要针对在城市管理综合治理工作中遇到的新情况、新问题，共同开展调查，制定有关措施，研究处理办法。第三，联席会议办公室对联席会议议题进行收集和整理，对联席会议研究的相关问题和通过的事项，均以会议纪要的形式下发至各成员单位。第四，各部门对联席会议通过的工作方案、重要决定等要根据本部门的职责分工，严格按照职责要求执行落实。

三 西长安街扁平化、精细化管理模式的思考与启示

（一）实施城市规范管理的首要条件是提高干部队伍的政治素养和工作能力

扁平化、精细化管理模式需要有良好素质及业务能力的人员队伍。一是提升干部队伍的政治素养。西长安街街道紧紧抓住开展党的群众路线教育实践活动这一有利契机，聚焦正能量，提升执行力；加强党性修养，提升服务力；不断开拓创新，提升决策力。二是坚持公平、公正的人才选拔和人才培养方法。一方面，坚持以考品德、考实绩、考作风为重点，建立健全绩效考评和选人用人机制，选拔一批勤政务实、清正廉洁、为民服务、敢于担当的好干部。另一方面，强化干部教育培训，着力提升人才队伍素质。采取多种形式，有计划、有步骤地开展在职干部和基层服务队伍的培训工作，扩大党员干部的知识面，提升创新能力，培养一批能够尽快适应新形势发展需要的优秀人才。加强党风廉政建设及一切有利于提高工作水平的理论学习。根据事业发展和工作需要，组织干部队伍进行职业道德培训和业务培训，提高水平，增强实力。

（二）实施城市规范管理的核心是构建科学的城市运行管理机制

构建科学的城市运行管理机制是实现政府管理科学化的前提。决策、执行和监督是城市运行管理机制的三个方面。当前我国的决策、执行、监督三个部门矛盾凸显，监督管理流于形式，执行部门利益冲突直接影响到决策部门的工作管理，导致国家利益趋于部门化、部门利益趋于个人化。为应对此问题，要将决策、执行和监督三个部门适度分离，但彼此之间又能相互协调、相互作用，探索建立决策科学、执行流畅、监督可靠的运行机制。关于这方面的改革，既要建立在政府部门的整体层面上，又要在部门内部实现决策与执行的分离，成立专业的执行机构，有效避免集三者于一身的弊端。

要以创新为动力，从实际出发，完善体制机制，全方位推动社会建设，促使社会服务管理创新深入发展。一是有效整合区域资源，培育社会组织参与社会服务管理；采取多种形式，改善社区办公条件，努力实现所有社区办公用房全部达标，为社会服务管理创新奠定基础。二是突出抓好城市运行管理，着力在破解难题和精细化上下功夫、花气力、做文章，谋划新思路、提出新举措、取得新成效，努力成为社会服务管理创新和城市精细化管理新的增长点，成为“访民情、听民意、解民难”的有效载体，实现区域社会服务管理“全覆盖、全感知、全时空、全参与、全联动”。

（三）实施城市规范管理的根本是抓住细节推进管理改革

政府将精细化管理运用到城市管理中，不仅能提升管理的效能，还能促使政府在精细化管理中不断变革。细节决定成败，城市管理要做到精细化，精就是要追求精益求精，细就是要追求细致入微。所谓城市精细化管理，是要在范围上扩大管理，做到不推卸责任，不漠然置之；在程度上加深管理，做到给工作人员以启迪，达到提高其自觉性和学习性的目的；在质量上提高管理水平，要做到有所成效，实现让群众满意的结果。城市管理的成败往往取决于对关键细节的处理，可以通过提高城市管理的执行力来解决细节问题。除此之外，城市管理体制改革也需要城市精细化管理系统来推进，对城市管理细节有针对性地进行系统梳理，将有效的管理细节重新整合成新的机制、规则和标准，推动城市管理变革。

参考文献

叶素文：《实施扁平化管理，加快政府职能转变》，《新疆大学学报》2003 年第 4 期。

汪中求：《精细化管理之基本理念》，《中国商贸》2008 年第 9 期。

周宏春、李新：《中国的城市化及其环境可持续性研究》，《南京大学学报》（哲学人文科学·社会科学版）2010 年第 4 期。

霍焰：《城市规划精细化管理研究——以大港区规划管理为例》，天津大学硕士学位论文，2012。

B.16

西长安街创新“全响应”网格化社会服务管理体系的实践和思考

摘　要：　随着信息化、网络化、数据化的迅猛发展，城市现代化进程的加快，城市基层治理变得异常复杂。西城区在社会治理方面首创了“社会服务、社会管理、行政服务、城市管理、应急处置”五位一体的全响应网格化社会服务管理体系（即“全响应”体系）。本报告以西城区西长安街街道为例，阐述了“全响应”的背景意义、街道的典型特征，以及启用协同平台和“数字红墙”等措施。西长安街街道健全和完善“全响应”体系，创新体制机制，推进安全稳定、社会服务管理创新、城市精细化管理，提高社会服务管理水平，推动社会建设各项工作稳步发展。“全响应”体系建设是我国城市基层管理方面的探索和创新，西长安街街道的先进经验和主要做法对于街道创新社会服务管理工作具有重要的参考和借鉴意义。

关键词：　社会服务　基层治理　西长安街街道

一　“全响应”是西城区社会治理模式的重大创新

“全响应”是以民需为导向，政府组织、企业组织、社会组织、公民作为主体参与社会服务和管理，积极解决居民反映的问题，是对公众服务需求的全面感知、快速传达、积极响应，其目标是实现社会服务管理的全面覆盖、全面感知、全时空，各种力量的全面参与，各种服务链条的全面联动。全响应网格化社会服务管理体系，统一资源、统一分析、统一派案、统一督查，创新运用科技手段，实现“信息全覆盖、服务全响应”。

（一）构建“全响应”模式是加强社会治理的现实需要

当前，城市现代化进程加速推进，城市发展的差异性和不平衡性使城市基层治理变得异常复杂。在创新公共服务管理过程中，现有的服务还存在一些问题：政府、企业和社会组织的社会服务管理与居民日益增长的需求之间存在矛盾；信息收集推送及数据缺乏统一共享；对业务事件缺乏统一调度手段，制约着跨部门服务管理事件的处理；社会服务管理信息分散，难以全面掌握社会动态、及时响应社会问题的变化；社会组织的参与机制、长效机制有待规范和完善，迫切需要进行社会服务管理创新。

我国的十八届三中全会提出，“推进社会领域的制度创新和基本公共服务的均等化，加快形成科学有效的社会治理体制，确保社会既充满活力又和谐有序”。改变政府单方面的社会管理模式，加快形成科学有效的社会治理体制，探索政府与群众良性互动的新机制。近年来，西城区严格按照中央和北京关于加强社会治理的要求，在研究以北京市为例的特大城市基层社会治理规律的基础上，充分利用自身的优势资源，不断创新和完善“全响应”网格化社会服务的管理工作体系。在健全机制的基础上，使社区、街道、政府职能部门及社会组织、社会工作者、居民构成社会多元主体积极参与民生服务的“响应链”，集中在统一的信息化平台上，以民需为导向，以服务为核心，重点解决群众最关心、最直接、最现实的利益问题，为民办事、为民解忧，让百姓得实惠。

2012 年 11 月，西长安街街道围绕区委、区政府提出的“社会服务、社会管理、行政服务、城市管理、应急处置”五位一体的“全响应”网格化社会服务管理创新要求，正式启动“全响应”工作，以集成资源、统筹规划、构建体系为目标，建成西长安街街道“全响应”网格化社会服务管理指挥分中心。

（二）构建“全响应”模式是基于现代社会治理理论的有益实践

“全响应”社会治理模式融合全面感知的制度设计、快速传达的技术支撑和积极响应的服务体系，是一套基于现代社会治理理论的理念体系。制度设计层面，建立了区、街、居三级全面感知社情民意、快速传达民情信息、积极响应民生需求的长效机制，建立发现问题、解决问题、反馈处理结果的闭环流程。技术支撑层面，通过高科技手段，努力实现区、街、居三级互联互通、信息共享和业务协同的“全响应”社会治理信息平台。在服务体系层面，创新整合“响应链”，支持社会各方参与服务管理，更好地为居民提供优质服务。

“全响应”体系通过统一的数据中心、调度平台、服务渠道以及多个业务系统，将区、街、居资源整合，智能互动，最大限度地发挥社会服务管理信息化平台的作用，提高街道公共服务管理水平和服务效能，满足各类服务对象的不同服务需求，凸显区街居的“协同效率”，促进了社区信息化水平和政府服务能力的提高，使社会服务管理工作更加贴近百姓、贴近群众，实现社会服务管理的“全覆盖、全感知、全时空、全参与、全联动”。

“全响应”网格化社会服务体系强调的是党委政府、社会组织、企业和个人等都是社会建设的主体，在现有的激励机制作用下，可以信息资源共享、行动协同联动、相互信任合作，形成多元化的治理格局，促进社会自我调节、居民自治，向着健康、和谐、持续的方向发展。

“全响应”是构建以需求为导向，以服务为核心，以街道统筹辖区发展为重点，以公众参与为基础，以信息化手段为支撑，多元主体积极参与并响应社会需求的工作体系。其核心是服务，强调以人为本、服务为先。寓管理于服务之中，努力实现管理与服务的有机统一。

“全响应”体系的建立，解决了市政设施老化、环境秩序脏乱、车辆乱停乱放、为老服务资源紧缺等问题，实现了服务管理的常态化、标准化、精细化和科学化，推动了社会建设各项工作平稳和谐地向前发展。

二　西长安街街道“全响应”社会服务管理体系的主要做法

（一）精细化的网格布局

一是划分网格，实现区域全覆盖。网格化管理体系是街道全响应社会服务管理创新的重要载体。西长安街在以往工作的基础上，按照细化网格、精准管理的要求和“基础力量一员一格、专业力量一员多格、响应力量一格多员”的标准，以需求为导向，建立全响应网格化管理体系。依据西城区社工委、综治办提出的要求，根据地域面积、人口规模、服务管理事项，按照“完整性、便利性、均衡性、差异性、全响应、全覆盖、无缝隙”的原则，组织各社区充分研讨，将区域划分为71个网格，实现城市管理网格、综合治理网格、社会服务网格的“三网合一”。

二是“一格五员”，加强队伍管理力量。街道组建了“一格五员”的管理团队，即：管理员、协调员、服务员、执法员、监督员。

其中，管理员是网格格长，负责全面处理网格社区里的“大事小情”。协调员包括处级领导及科级领导，按照“处级领导包社区、科级领导包网格”的管理模式，辅助社区开展协调事件处置过程中的相关工作。服务员包括环卫保洁员、交通协管员、为老巡视员、房屋管理员、园林绿化队员、电力工程队员、社会工作者。执法员包括交通警察、消防武警、社区民警、城管队员、工商执法队员、卫生监督队员、食品药品监督员。监督员包括人大代表、政协委员、居民代表、城管监督员、单位代表，对网格内事件的处置过程进行全程监督。通过这一体系的建立，明确了“一格五员”的责任，落实各社区的网格力量，使网格化管理在区域内实现全覆盖。

三是网格资源共享，完善网格事件上报机制。网格信息员充分利用与社区党员、居民代表、楼门院长、社区积极分子的见面会，增进互动，获取有效信息。通过组织各社区书记站长、网格格长参与专题培训，使其了解全响应网格化管理的理念、事件上报及流转的操作办法，各社区已能熟练使用上报系统，借助调度系统实现一站式处置网格事件，各科室能及时通过系统接收、反馈事件，各方协同联动，确保了“信息采集、源头发现、任务分派、问题处置、核查反馈”的闭环工作机制正常有效运行，基本实现了“小事不出社区，大事不出街道”的工作目标。街道制定了《西长安街街道关于进一步加强全响应网格事件上报及流转工作实施方案》，规范日常事件处置流程，将各环节责任落实到人，规定日常事件从发生到处置时限，形成网格巡查寻访制度，为及时有效地处置全响应事件奠定了基础。

全响应网格化指挥调度平台是街道事务的调度中心，快速收集信息，妥善进行安排，及时解决百姓的实际困难。社区上报的事件，处理不了的，由网格管理员上报给街道指挥分中心，指挥分中心坐席工作人员对该事件进行研判后，将其转给相关科室、科长形成一个

“派件”，随着事件得到解决，再回到指挥分中心“结件”，反馈给社区，形成一个完整的“闭环”工作模式。

（二）“三网融合”发挥网格化作用

西长安街街道深入推进“全响应”体系建设、发挥“全响应”模式作用、提升“全响应”机制服务民生品牌的影响力，围绕街道全响应指挥分中心的职能定位，从完善工作机制、拓宽业务内容、发挥网格化管理作用三个方面夯实了“全响应”的工作基础。

一是承担应急值守及非紧急救助工作。全响应指挥分中心自投入使用以来，先后承担了“十一”国庆、圣诞夜、元旦、春节、端午、“五一”等一系列重要节庆日的应急值守工作，出台了相应的值守方案，成立了街道应急处置综合指挥部。除了节假日期间的值守工作外，还进行了街道内部的防火演习，提升了街道干部的防火意识、逃生技能，也提高了相关科室协作处置应急事件的能力。在非紧急救助工作方面，街道以 12345 市非紧急救助热线为载体，建立非紧急救助平台值班制度，实行“派单或来电—送阅领导—事项办理—督查督办—结果反馈—归案立卷”的工作环节，不断提高非紧急救助的接收、派发和回复工作水平，保障及时高效解决问题，形成一套有规可循的程序。

二是通过“三网融合”发挥网格化管理的作用。自“三网融合”工作启动以来，西长安街街道通过统一网格划分标准，形成了边界清晰的网格；通过统一整合工作力量，形成了扎实精干的网格管理队伍；通过统一事件处置平台，形成了高效流畅的网格机制。在此基础上，各社区借助网格化管理工作机制，在畅通政民沟通渠道、满足居民多元需求、完善社区自治网络方面发挥了网格化管理的作用。比如，网格格长通过加强日常入户走访，及时地向街道指挥分中心及业务科室反馈社情民意；经常去街道文化活动中心和长安幸福家园了解来此享受公共服务的群众的需求，促进街道不断提升服务质量；网格格长带领网格执法员及服务员定期去社区的“睦邻之家”协助居民解决在自治过程中遇到的各类问题，提升了居民的自治能力。

三是完善与协同平台相关的街道系统。协同平台整合了街道内部统一办公门户网站功能，集成街道自建业务系统、区全响应服务体系业务系统、区政务办公体系业务系统等多个应用系统的数据、链接等信息，通过单点登录进行一站式跳转，实现值守一个办公平台可获取、查阅所有办公应用系统的数据信息。为了方便街道干部在协调平台开展工作，年内梳理改版了 OA 系统几个重要模块，进一步提升了使用效率、丰富了协调平台展现的内容。

（三）开发数字化的业务工作

“全响应”网格化管理的核心是服务，是指以民需为导向，强调各类主体积极地响应社会的需求，在数据共享的基础上，行动协同联动，进而建立信任、合作的响应链，形成富有活力、广泛参与的社会服务管理格局。为此，西长安街街道做了大量的基础工作。

一是推进实有人口信息系统数据录入。主要是指以西长安街地区实有人口信息采集员队伍为依托，对地区实有人口数据进行准确摸查及记录，建立地区实有人口数据库。街道各科室、各社区可以在及时掌握辖区实有人口信息的基础上，根据各自工作的需要针对人口变化情况开展各类数据分析工作。信息采集员队伍由社区退休的老主任、热心于社区事务的居民组成。这些成员有着对社区事务熟悉的优势，按照《西长安街街道全响应网格化管理信息采集员队伍建设工作方案》的要求，每人每天采集 10 户信息，并由社区指定专人进行信息录入工作。经过各位信息采集员及录入员的努力，至 2014 年底，实有人口信息与地图的缝合工作已完成 79%，已录入本市实住人口 19487 人，家庭户 8393 户；来京人员近 7313 人，家庭户 3237 户。随着这项工作进入收尾阶段，采集员队伍的工作职责也由单一的数据采集扩展至入户走访了解出租房屋管理、社区管理、社区治安、安全生产、城市运行等方面的问题，工作内容更为丰富。

二是开发 GIS 人口管理系统。该系统是指将地区内的“人、地、事、物、组织”数据完全缝合至街道的 2.5 维 GIS 地图上，实现以房管人的工作理念，将辖区内的重点工作更为直观有效地同地图相结合，完成功能整合，以期实现对地区精细、高效的管理。目前，在各社区网格格长及北科维拓公司的努力下，该系统可呈现辖区的楼宇、人口、平房院落、网格等情况，并已支持区域圈选的统计分析。

在系统的支撑下，街道科室、各社区可更为直观地查询辖区人口情况，并可根据工作需求恰当地应用该系统的数据来及时调整工作重点，不仅可以对辖区居民进行精确定位，还可以利用数据实现区域人口的分析研判功能，为相关决策提供咨询，辅助街道和社区有针对性地开展一些服务性工作。比如，对于流动人口经常变迁的小区，城管科可重点部署环境卫生的整治工作；对于失业人口较多的小区，社保所可重点宣传有关就业的政策及信息；对于育龄妇女较多的小区，计生办可加强婚育服务及政策的宣传。

三是升级数字红墙社会服务管理平台。西长安街街道自主研发“数字红墙管理系统”，在现有数字红墙社会服务管理平台的基础上，建立覆盖整个辖区的应急管理系统，能高效地管理应急物资、防范应急风险、提升安全防控预警水平。应急管理可充分利用原有平台中 GIS 地理地图信息、人房关联等信息，并将应急队伍、物资储备及应急避难场所等信息纳入平台管理，建立事件分析机制，由系统提供各种资料，综合运用各种分析与预测方法，对各类信息进行综合处理与分析，辅助领导发现问题并加以界定分类，为领导决策提供科学的依据和有价值的决策信息。通过建设数字红墙社会服务管理平台，打造覆盖街道、社区、网格和楼院的社会服务层级化管理新模式。

四是启用红墙APP。街道研发手机APP，安装在网格员的手机上。红墙APP具备事件上报、商家查询、政务服务查询、信息推送、经费审批、会议签到等功能，不仅可以实现驻区单位及居民通过手机监督街道工作，促进辖区居民对街道工作的了解，提升政务互动的质量，而且进一步提升了街道工作人员的电子政务办公水平。红墙APP的培训会既可向各科室负责网格工作的人员、各社区的网格格长及网格信息员开展工作，又可单独面向公众推广活动。

三 “全响应”社会服务管理体系的经验启示

（一）创新服务模式，拓展服务功能

“全响应”网格化管理形成了区网格中心、街道分中心和社区网格三级网格体系，明确了区、街、社区网格管理系统的功能职责和定位，在街道层面实施了网格化无缝管理的统筹机制和保障机制。“全响应”是针对管理的对象收集信息，并对系统搜集的城市管理数据信息进行分析，制定可靠的解决方法，为老百姓提供更精确的服务。“全响应”能够使城市管理同行政服务、社会服务、社会管理、应急处置有机结合，形成区域性的网格化指挥中心，并运用电子信息技术将各系统功能进行叠加，形成各类资源优势互补的工作格局。通过划分社会管理网格单元，将“人、地、事、物、组织”等要素信息化、数字化，搭建“两级指挥”（区、街）、“三级平台”（区、街、社区）、“四级管理”（区、街、社区、网格）的服务运行体系，能够促使社会服务管理重心下沉，延伸城市的基本公共服务职能。

（二）“全响应”为城市精细化管理提供了基础平台

“全响应”网格化管理系统是城市精细化管理的重要工具。网格系统提供了城市环境问题的发现机制和解决机制，具有城市综合管理决策数据支持、固化城市管理责任、强化属地范围专业管理和属地管理责任的载体功能。“全响应”作为城市管理的基础数据平台，网格系统的服务范围和服务功能具有不断拓展的空间。西城区网格化系统在已有的基础上，不断地扩大城市管理服务范围，促进部门信息资源共享、创新网格系统的服务功能，特别是以“全响应”模式整合城市管理、社会服务和社会管理功能，增强了网格系统的管理服务效果，为城市精细化管理提供了良好的基础平台。

（三）坚持以人为本，实现基层治理多元化

“全响应”紧紧抓住“人”这一根本，在街道打通了为人民服务的“最后一公里”。其体系理念强调以人为本，把群众的需求和满意作为整个体系的出发点和落脚点。街道是社会治理的关键环节，也是离老百姓最近的“政府”，让街道充分发挥自身的优势，联系群众，与群众打成一片，让老百姓成为地区治理的主导力量。街道充分整合辖区的资源，依托“全响应”的信息化管理平台，实现不同层级信息的联通和利用。以“多元治理”为核心，为社会力量提供了空间和平台，注重发挥社会组织在社会治理中的作用，大大提高了社会治理的效率。

参考文献

西城区新闻中心：《西城区：“全响应”创造城市美好生活》，《北京日

报》2014 年 1 月 21 日。

艾丽：《"全响应"：北京基层社会治理现代化的西城实践》，《中国社会报》2015 年 1 月 23 日。

马顺龙：《民勤加强基层社会治理 提升服务功能》，《甘肃日报》2015 年 11 月 6 日。

B.17
西长安街：创建国际“安全社区”促进社会和谐稳定

摘　要：　党的十八届五中全会提出，“牢固树立安全发展观念，坚持人民利益至上，健全公共安全体系，完善和落实安全生产责任和管理制度，切实维护人民生命财产安全”。西长安街在“全国安全社区”的基础上，秉承安全社区“持续改进”的工作理念，持续推动西长安街地区的安全社区建设，不断完善城市管理长效机制，优化发展环境，促进地区和谐发展，创建国际“安全社区”。安全社区建设作为保障人民生命财产安全的有效途径之一，西长安街街道的做法具有重要的现实意义，为创建符合我国国情的安全社区提供了可供借鉴的经验。

关键词：　安全社区　公共安全　西长安街街道

一　构建安全社区的意义

“安全社区”的概念是在1989年世界卫生组织第一届事故与伤害预防大会上正式提出的，当时来自世界50个国家的代表在大会上一致通过了《安全社区宣言》。2002年世界卫生组织安全社区建设项目在中国正式启动。随后，北京市西城区于2005年启动了

“安全社区”项目。建设安全社区可以有效预防和控制各种人为事故的发生，也可以有效预测生态和自然灾害带来的风险，还可以通过安全社区建设提高居民的安全防范意识和自救、互救能力。可见，安全社区无论是对个人还是家庭、社会来讲都具有十分重要的意义。

（一）维护了人的生存健康权

我国社会安全意识薄弱，社区安全基础差。安全社区建设能增强社会安全意识，有效预防和控制居民伤害事件的发生。创建安全社区，需要开展安全活动，推广生产、生活安全教育和自然、生态环境安全教育，这可以提高居民的安全意识，提高居民预防危险、实施自救和互救的能力，提高居民应对自然灾害、生态环境等突发事件的能力，还能增强居民保护自然和生态环境的意识，能够有效维护和保障社区居民生存与健康的权利。

（二）弥补了现行社区安全管理的缺陷

目前，我国主要实行“企业全面负责、行业管理、国家监察、群众监督”的安全管理体制。社区内学生、道路交通、消防、社会治安等安全管理，分别由学校、交通、消防和公安等相关部门负责。而针对学龄前儿童、老年人以及居民生活的安全基本上没有明确的管理部门。推动安全社区建设，可以整合区域内多种资源，开展跨部门、跨行业的安全促进活动，保障居民生活的安全，解决社区安全管理不到位等问题。

（三）推进了和谐社区的建设

社区安全是社会安全、生产安全的基石。随着经济的发展，农村人口向大城市涌进，流动人口不断增多，再加上人口老龄化问题日益严重，社会不稳定因素增多，人们对安全的关注度日益提升。开展安全社区建设可以发现危险因素，采取多项措施进行干预，有效预防安全事件发生，促进生产安全和公共安全，维护好、发展好最广大人民群众的根本利益。同时，能够打破条块分割、各自为战的局限，形成社区、企业、社会、居民等共同参与的安全工作格局，促进社会主义和谐社区建设。

二　西长安街创建国际安全社区

（一）西长安街街道的基本情况

西长安街街道地处首都中心城区，紧邻天安门广场、人民大会堂和中南海，辖区总面积4.24平方公里，有街巷122条，其中一、二类大街12条，社区居委会13个。另外，西单商业街区的日常运行管理也由西长安街街道负责。这些场所既是治安重点防控部位，也是人员密集场所和交通管理重点，社会治安、公共场所安全、交通安全压力较大。同时，辖区平房面积占到地区住房总面积的3/5，存在房屋年久失修、电线老化、安全设施不齐全、街巷纵横路面狭窄、杂乱物品无序堆放等问题，煤气中毒和火灾隐患堪忧。75%以上的流动人口居住在平房区，他们的安全意识不足、安全技能欠缺，导致风险增加。此外，西长安街地区14岁以下儿童、65岁以上老年人、流动人口、残疾人共占常住人口的53.11%，弱势群体较多同样给综治安全工作带来了一定的压力。

2007年西长安街街道启动了“安全社区”建设工作，按照安全社区准则的要求，成立了由政府职能部门、医院、学校、驻区单位及社区居民等组成的跨界联合、多方参与的安全社区推进委员会，委员会设立了6个安全工作组来实施安全促进工作。街道通过走访调查对社区的安全情况进行摸底、排查，策划、实施安全促进项目。社区在2008年被命名为“全国安全社区”、2012年被授予国际“安全社区”称号。在此基础上，西长安街秉承“持续改进”的理念，坚持深入实践科学发展观，坚持以人为本、因地制宜、预防为主，街道、社区作为安全工作的统筹协调部门，以街道职能部门的专业管理为支撑，以社区居民和社会单位的参与为保障，为街道的安全社区建设提供全方位的服务，切实改善地区建设和发展环境，提高人居质量。

（二）西长安街建设国际“安全社区”的主要做法

西长安街的安全社区建设工作得到了北京市西城区政府的全力支持，区政府要求其所属各部门和各单位积极参与，提供政策支持和专业支持。区属有关部门、单位参与和承担了消防安全和交通安全、老年人安全等工作。

1. 建立跨部门的合作组织机构

遵循国际安全社区准则，西长安街建立了社区及社会团体等广泛参与的西长安街国际安全社区推进委员会（见图1），负责组织推动国际安全社区的建设工作。委员会下设安全社区创建办公室（见图2）及若干工作小组（见表1）。

国际安全社区推进委员会主要负责制定安全社区建设的整体目标与计划，确定安全工作重点及干预项目，制定西长安街建设国际安全社区的管理和规章制度，以及国际安全社区建设的制度与计划的贯彻与执行，解决在执行过程中遇到的困难，使国际安全社区建设工作能够顺利地开展，检查社区内各项安全计划执行情况，进行绩效评估，组织协调社区内外一切可以整合、利用的资源和力量，协调各工作小组获得政府及社会单位资源，组织参加有关国际安全社区建设的活动。

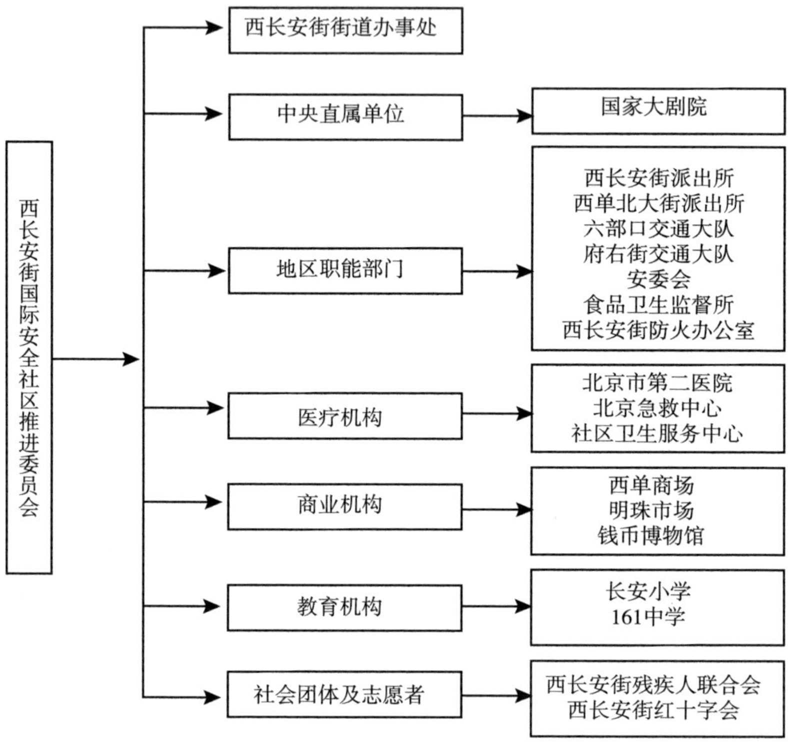

图1　推进委员会构成

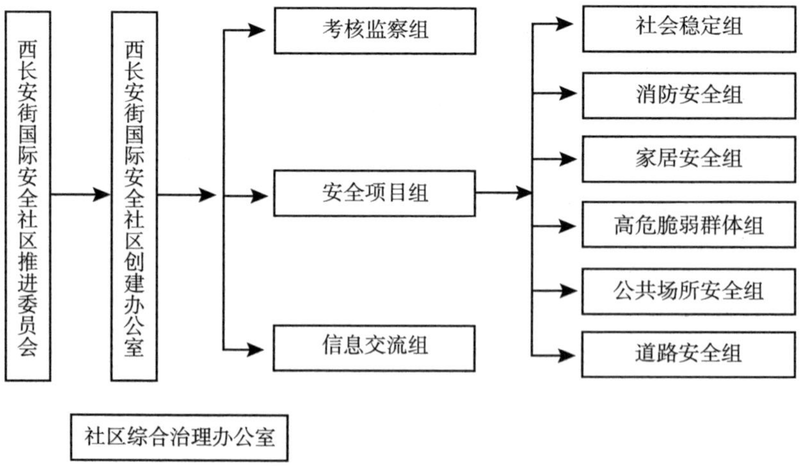

图2　安全社区创建组织机构构成

表 1　安全促进工作组成员

<table>
<tr><th colspan="2">项目分组</th><th>主管科室</th><th>工作组主要成员</th></tr>
<tr><td rowspan="6">安全项目组</td><td>社会稳定组</td><td>综治办</td><td>派出所、司法所、武装部、社区办</td></tr>
<tr><td>消防安全组</td><td>防火办</td><td>消防中队、企事业单位消防部门、社区办、物业公司</td></tr>
<tr><td>家居安全组</td><td>社区办</td><td>第二医院、社区卫生服务中心、妇联、综治办、城管科</td></tr>
<tr><td>高危脆弱群体组</td><td>民政科</td><td>社区办、民政科、司法所、综办、残联</td></tr>
<tr><td>道路安全组</td><td>安委会</td><td>综治办、安全生产办</td></tr>
<tr><td>公共场所安全组</td><td>综治办</td><td>综治办、安全生产办</td></tr>
<tr><td colspan="2">信息交流组</td><td>宣传组</td><td>宣传部、社区办</td></tr>
<tr><td colspan="2">考核监察组</td><td>综治办</td><td>社区办、纪检监察科、综办、安全生产办</td></tr>
</table>

国际安全社区创建办公室的主要职责是参加国际安全社区推进委员会组织的会议并完成交办的各项工作，负责社区内外各单位的联络和协调，检查、督导各安全促进项目实施情况，负责安全社区创建的日常管理工作，主要包括安全社区的建设进程及档案的管理等。为国际安全社区的建设提供人、财、物、技术等资源的支撑与保障，并负责媒体发布以及同中国职业安全健康协会、世界卫生组织的联络沟通。

办公室下设三个工作组，包括考核监察组、信息交流组和安全项目组。考核监察组的工作职责是：建立完善的评估考核制度，细化社区的评估工作；建立地区的伤害监测制度，统计分析各监测点的事故与伤害数据，并最终形成伤害监测报告；定期上报综合评估考核结果及改进方案。信息交流组主要负责：协助各项目工作组开展安全宣传及推广活动，并做好活动实况记录及存档；组织参与国内外安全活动交流，营造社区安全文化氛围；协助安全社区创建办公室进行媒体发布；实时更新西长安街地区“安全社区”网站及部分社区的网站内容，促进“安全社区”建设信息交流，做好创建期间的宣传报道工作；在社区、学校、公共场所开展不同层次、不同内容的安全培训、安全教育和安全宣传，以社区文化娱乐活动为载体，向居民广泛宣传安全社区理念。安全项目组的基本职责是：持续实施本专业范围内的安全促进项目；定期组织各项目实施小组会议，总结、评估阶段工作实效，并加以改进；进行项目组间的合作交流；收集项目小组的工作记录及相关资料，进行项目归档；定期上报项目工作进展情况；参与制定促进项目的伤害预防计划；其他有助于安全社区建设的工作。

2. 构建多领域的安全保证体系

一是交通安全计划。开展人员、车辆交通安全干预项目。健全交通安全管理机制，实施安全监督检查、消除交通违章，开展交通安全宣传和教育活动，提高居民的交通安全意识；组织社会志愿者和交通安全义务宣传员维护交通秩序等，减少交通事故的发生。

二是老人安全计划。街道针对老年人的安全防护设施并不完善，老年人参加健身、娱乐活动不普遍等问题，策划实施了为老服务管理项目和阳光老人社区促进行动项目。通过完善老年管理机制、开展志愿者服务和一帮一结对子活动，建立老年人 15 分钟服务圈，满足老年人日常生活需要；建立老年人餐桌，方便老年就餐；建立老年人健康管理档案，掌握老年人健康状况；定期开展慰问活动；聘请专业心理咨询师，不定期为老年人开展咨询和讲座活动；开通免费健康夕阳心理热线等，为老年人健康生活提供更好的保障。

三是残疾人安全计划。街道针对残疾人无障碍出行、伤害预防、康复治疗等实施干预计划。通过完善残疾人基础安全管理工作、建设与完善无障碍设施、为残疾人发放慰问金、补贴助残器材、开展身体和心理康复服务活动、宣传健康知识等方式，解决残疾人安全问题。

四是消防安全计划。西长安街地区地理位置重要，重点单位多，人员多，流动大，对事故的突发控制要求高。为此，街道通过健全消防安全管理机制、落实消防安全管理工作、开展消防危险源排查和治理活动、细化重大节日消防安全管理工作、开展消防安全演练活动、提升预知预警能力等措施来消除火灾险情等事故。

五是社会治安计划。街道针对地区出租房屋多、流动人口多等问题，采取完善治安人员队伍建设、提升管理能力，加大监督和管理力度、维护地区治安稳定，建设社区防控硬件网络，加大宣传力度、提升防范意识，建立流动人口和重点人群科学管理机制，开展安全演练活动、提升应急事故处理能力等措施来加强对流动人口和出租房屋的管理，提升居民治安防范意识，减少盗窃、诈骗、扒窃等社会治安事件的发生率。

3. 四项要求推进安全社区建设

一是提高认识，落实责任。街道各社区、各部门落实科学发展观，不断提高城市现代化建设和管理水平、提升地区发展的高度，认清开展国际“安全社区”创建的重要意义，切实重视国际“安全社区”创建工作。把创建工作作为一项重要工作来抓，统一协调和组织安排好，各科室要根据其在创建工作中的职责和任务，进一步明确分工、落实责任。各社区集中精力认真调查摸底，深入研究，按分工职责及工作内容切实抓好落实。创建工作是一项系统工程，涉及面广、工作难度大，要树立大局意识，互相配合、团结协作、齐抓共管。

二是抓住重点，全面推进。街道各个部门结合创建委员会的工作要求，找准地区的创建工作重点，全力做好“四个结合”，即把“安全社区”创建工作和街道的综合管理体制改革、解决居民实际存在的问题、降低居民的意外伤害以及推进社区居民自治结合起来，使各项创建工作能协力推进，相互促进和带动。

三是广泛发动，全民参与。街道广泛宣传“安全社区”的创建工作，努力提高社区居民和单位的安全意识和自我保护能力，调动各方积极性，共建“安全社区”。

四是完善机制，监督考核。西长安街街道制定了《平房区消防管理办法》《学校幼儿园安全管理规定》《公共场所安全管理办法》《流动人口管理办法》《食品安全管理办法》《平房区门禁管理办法》等20余个安全管理规定和管理办法以加强安全社区管理。建立健全工作信息反馈和监督考评机制，由街道创建办公室对创建工作进行全程督导，随时反馈推进工作的进展情况，对推进工作中遇到的重大问题要及时向主要领导汇报；同时要注重实效，加强创建工作档案资料的收集和保管工作。

三　国际“安全社区”建设取得的成效

西长安街自2007年启动“安全社区”项目以来，先后被评为“全国安全社区”、国际“安全社区”。街道坚持安全第一、预防为主的原则，整合辖区内的资源，创新安全防范措施，建立社区安全新机制，减少了各类事故发生件数，提升了居民的安全文化素质，安全社区建设效果显著。西长安街在打造国际“安全社区”方面取得了以下成效。

（一）在保障老年人安全方面取得了成效

提高了社区老年人的安全防范意识，完善了公共安全场所和配套设施，减少了社区老年人伤害事故的发生。实施老年人15分钟服务圈、老年餐桌、一帮一和多帮一结对子活动、老人健康管理档案等项目，满足了行动不便的老年人的服务需求，使老年人在日常生活上相互照料，消除了老年人的孤独感和寂寞感，实现了送餐上门服务辖区全覆盖，丰富了老年人的医疗服务渠道，为服务老年人的生活、娱乐提供了安全便利的条件。

（二）在保障残疾人安全方面取得了成效

街道为1072名有康复需求的残疾人全部建立了档案，其中97%的残疾人得到了康复服务；为106名残疾人报装可视门铃并配发辅助器具33件；为93名残疾人安装一字扶手75个，楼道扶手115米，L型抓杆60个，上翻型抓杆64个，浴室折叠浴凳7个，活动浴凳84个；对多户残疾家庭进行了慰问，累计发放慰问金及物资174500元。改善了弱势群体的经济状况，同时也降低了意外事故发生的概率，辖区内残疾人的生活质量有了很大的提高。

（三）在加强社会治安方面取得了成效

提高了社区治安防范能力，降低了治安案件发生的概率，减少了因治安案件而引起的居民伤害和死亡发生率。2011年治安事件与2008年相比下降了55.94%。与2008年相比，2011年入室盗窃、诈骗、扒窃等案件均有大幅减少，社会治安持续好转，有效改善了社区环境，推进了和谐街区的建设。

（四）在交通安全方面取得了成效

2008~2011年西长安街地区交通事故统计显示，交通事故呈逐年递减的趋势，2011年比2008年下降了62.96%。杜绝了容易造成交通伤害事故的危险因素，降低了辖区内交通安全事故发生的概率，减少交通事故的发生率、死亡率。

（五）在消防安全方面取得了成效

强化了工作人员的消防意识，完善了应急工作机制，有效整合了辖区内应急资源，提升了西长安街对事故的预知预警能力和面对突发事故的应急能力，降低了消防安全事故的发生概率，确保了地区在重大节日期间火灾险情和事故发生率为零。

（六）在加强流动人口管理方面取得了成效

通过加强辖区内流动人口和出租房屋管理，改进服务保障措施，实现了对流动人口和出租房屋“以业控人、以房管人和以证管人”。全面掌握了出租屋内消防安全状况，提高了出租屋的安全系数，为广大外来务工人员提供了安全的居住和工作环境。

四　西长安街建设国际“安全社区”的启示

（一）安全社区建设要坚持以人为本的理念

安全社区建设的目的就是保障人民的生命财产安全，改善地区发展环境，提高人居质量水平，其根本在于人，因此必须要始终坚持以人为本的理念，以满足居民需求为的出发点，以保障居民的生命财产安全为第一职责，不断推进安全社区建设。

一是坚持以人为本，结合社区实际，从居民的实际需要出发，设立安全社区的建设项目。通过走访调查、召开居民大会、举办社区论坛等方式了解居民的利益诉求，确保实施推动的安全促进项目能够最大限度地提升居民的生活质量。

二是坚持以人为本实施安全促进项目。在开展家庭防火防盗、防煤气中毒、老年人防跌倒防诈骗等促进项目过程中，发挥人民群众的力量和作用，成立安全互助小组，协作互助，减少风险，通过宣传教育、模仿演习等提升居民的自救和互助能力。在安全社区建设项目的评估反馈中，要充分考虑人民群众的意见和建议，将群众是否满意作为社区安全工作评价的重要指标。

三是坚持以人为本拓展安全社区促进工作的惠及范围。无论是常住人口还是流动人口，只要在辖区管理范围内都应是工作成果惠及的人群。因此，要根据阶层、职业、性别、年龄层次的不同，制定并实施全覆盖的伤害预防计划，鼓励和号召社区居民互相帮扶，从而实现共同安全的目标。

（二）安全社区建设要成立跨部门的组织机构

成立跨部门的组织机构就是要打破不同部门间的壁垒，整合辖区资源，实现不同部门、不同领域内的资源共享和有效利用，形成政府主导、社会协同、公民参与的安全建设格局。成立跨部门组织可以充分发挥教育部门、医疗卫生部门、综合治理部门、社区管理部门等职能机构的作用，在信息交流、事故预防、宣传教育、应急处理、监测监督等环节上建立良好的合作关系，还可以帮助幼儿园、学校、餐饮场所、医院、工地等涉及社区中高风险人群、高风险环境及多弱势群体的单位加强安全风险防范工作，最大限度发挥整体合力，共同推进安全社区的创建工作。另外，在实行跨部门的组织机构运作过程中，为了增强部门间的配合与信息交流，克服工作中的脱节现象，要在跨部门合作的基础上，凝聚共识、有效沟通、明确职责、规范流程、责任共担，这样才能提高工作效率，更好地为安全社区建设服务。

（三）安全社区的建设要发动全员参与

居民的积极参与是构建安全社区的基础和源泉。安全社区建设的出发点和落脚点是保障社区居民生命和财产安全，各项工作的开展和推进也需要依靠群众的力量才能取得成效。安全社区建设与社区居民息息相关，只有让居民关心、关注、参与其中，才能保障工作的开展有基础、实施有效果。因此，需要加大宣传力度，充分调动居民的积极性，建立政府与社会公众沟通的渠道，提高居民的参与意识。使社会团体、企事业单位、社区居民深入了解安全社区的基本理念和构建安全社区的意义，从而获得公众对安全社区建设工作的支持，增强社区的凝聚力和辐射力，提高居民的安全意识，使全体成员参与到安全社区的建设中来。

参考文献

蔡艳：《我国安全社区的构建研究》，山东大学硕士学位论文，2012。

陈文涛：《安全社区建设相关若干问题探析》，《中国安全科学学报》2014 年第 5 期。

赵帆、石晶、黄溪：《国际化大都市的社区安全治理——北京东城国际安全社区建设状况》，《国家治理》2014 年第 14 期。

郑君：《安全社区基础建设的有效抓手》，《劳动保护》2015 年第 13 期。

B.18

西长安街：建立“百姓生活服务中心”推进社区基础服务

摘　要：　社区服务是直接为社区居民提供公共服务，以及其他物质、文化、生活等方面的服务，是改善民生和为民服务最基层的平台。十八届三中全会明确提出了社会治理体制改革的任务要求，这就需要社区更加主动地发挥以人为本的办事理念，为居民提供便捷高效的社区基础服务，使居民获得高水平的服务质量。西长安街街道在地域资源紧张的条件下，积极获悉居民的生活需求，建立了“百姓生活服务中心”，整合集聚了辖区内的服务资源并进行规范化管理，在为居民提供便捷的生活服务的同时提升了居民的幸福指数及对社区服务的满意度。

关键词：　百姓生活服务中心　社区基础服务　西长安街街道

一　西长安街街道加强社区基础服务的背景意义

社区建设是社会建设的重要基础，做好社区服务是社区建设的基础保障和基本要求，同时也是顺应社会治理体制改革及改善民生的现实要求。必须以问题和需求为导向，解决实际问题，满足群众需求，立足当前，面向未来。西长安街街道地理位置特殊，地域资源稀缺昂贵和空间紧密狭窄的特殊性限制了西长安街街道居民最基本的生活服务。为此，西长安街街道建立了百姓生活服务中心，有效挖掘、整合街道的服务资源，提升了西长安街街道居民的生活质量。

（一）顺应社会治理体制改革，强化社区服务功能

随着经济社会的发展和群众生活要求的提高，民生问题日益凸显，因此政府需要用更多精力和更大努力来关注和改善民生，这是社会治理在当前和今后相当长一个时期的重要任务。十八届三中全会确定的主题是“全面深化改革”，其中明确提到“社会体制改革要紧紧围绕更好保障和改善民生、促进社会公平正义”。这就表明，创新基层社会治理，就要最大限度地维护人民的根本利益，最大限度地增加社会的和谐因素和增强社会发展活力，提高社会治理水平，维护国家的安全和社会的安定有序。社区服务在利用社区现有资源、挖掘社区潜在资源等方面发挥着独特的作用，把政府发展社区服务的规划以及驻区单位对社区服务的支持逐步转化为服务社区的公益行为，满足社区居民多元化的社会需求，加快改善居民的生活环境。

社区是构成社会的最基本单元，也是各种社会群体和社会组织的聚集区，是社会资源的承载体。社区承载了不同的社会阶层，决定了社区服务在构建社会主义和谐社会中发挥着重要的基础性作用。社区服务是居民生活中不可缺少的，为居民提供了基本的生活服务。社区服务围绕居民最关心、最迫切需要解决的问题来选择社区服务项目、开展社区服务活动。

（二）改善民生，满足西长安街街道居民基本的生活需求

西长安街地理位置特殊，地位十分重要。辖区内有党中央、全国人大常委会、国务院、中央组织部、中央宣传部、中央统战部、工业和信息化部等众多党政领导机构和市属驻区单位，是“四个

服务”体现最直接的地区。辖区属北京内城典型的古都平房区，现有四合院平房1.7万余间。大部分都是四合院平房，空间紧缺的现实条件决定了居民一些最基本的生活服务难以享受其他街道同等的便利。

为了了解街道居民最真实的需求，社区服务中心积极主动做好社区数据工作，及时更新，为社区基础服务打下了扎实的基础。街道全年向市中心报送工作动态信息900条；向区中心报送社区服务中心工作动态48条；督导13个社区完成管理信息系统软件改版升级工作；督促和指导各社区完成社区管理信息系统中数据上传工作，社区数据质量均达100%。

西长安街街道通过统筹资源、完善制度、优化服务，使群众得到更多实惠。西长安街街道社区服务中心一方面紧扣街道各项工作总的指导思想和总体要求，统筹兼顾，突出重点，创新服务方式，拓宽服务领域，认真领会上级文件精神，对深入开展教育实践活动进行广泛宣传；另一方面加大对社区服务中心干部的培训力度，始终把学习放在首位，定期组织开展政治学习、业务学习，进一步提高工作人员的思想认识、责任意识。结合社区数据和对居民的实时走访情况，在街道社区服务中心和整个街道共同的努力下，西长安街街道紧紧围绕群众最关心的民生问题，建立了“百姓生活服务中心”。

二　西长安街街道建立“百姓生活服务中心”推进社区基础服务的主要做法

为满足居民基本的生活服务需求，实现辖区居民“小需求不出社区，大需求不远离社区，紧急需求不出家门”的生活目标，西长安街街道建立了百姓生活服务中心，有效挖掘、整合服务资源，提升民生质量。“百姓生活服务中心”位于西长安街街道黄南45号的底商。作为2014年街道办实事项目，“百姓生活服务中心”已于2013年3月正式完成并启动运营。百姓生活服务中心自成立以来，大大方便了社区居民的日常生活，不仅提高了居民的满意度，还改善了因小摊贩存在而引起的脏、乱、差的街边环境。

（一）以“百姓生活服务中心”为创新服务点

为进一步强化服务功能，拓宽百姓生活服务中心的服务渠道。2014年，西长安街街道以建立“百姓生活服务中心”为契机，满足在西长安街街道空间资源紧缺的背景下居民难享便利的社区服务的基础需求。

一是以西黄城根南街45号底商为主体，对原有10家入驻商户采取统一规范和管理，纳入便民服务圈。二是优化业态分布，租用180平方米的房屋作为西长安街的便民菜市场，将周边游商吸纳到生活服务中心内固定摊位经营。三是在一些好邻居便利店内设置早餐、家政、洗衣、家电维修等项目。百姓生活服务中心在为居民提供全方位、近距离的服务的同时，解决了以往存在的安全隐患，提升了周边的环境质量。四是投资建设了长安“幸福家园”、残疾人“温馨家园”，还在文昌胡同、东中胡同设置了5个便民菜站，大大方便了居民的生活，提高了群众的幸福指数。

鉴于“百姓生活服务中心”建设的成功经验，2015年西长安街街道加大了对综合型服务资源的开发力度，以提升服务民生质量、优化辖区产业布局和提高城市管理水平为宗旨，按照“政府引领、百姓需求、企业主体、市场运作”的原则，在长安街的南片，以西绒线菜市场为核心向周边辐射，对日常修理、美容美发、洗（收）衣、家政服务、邮政物流、再生资源回收、超市、菜站等40余家商户进行改造，参照北片现有“百姓生活服务中心”的基本设置构成要素，打造“六部口生活服务中心”，为六部口、和平门、未英等5个社区近3.46万名居民提供服务。

（二）搭建网络服务平台，推动“百姓生活服务中心”建设

1.搭建“一刻钟生活服务圈”网络服务平台

在做好“百姓生活服务中心”建设的同时，西长安街街道以街道“全响应”指挥分中心为依托，搭建了“一刻钟生活服务圈”网络服务平台，涉及辖区300余户商家，包括民族文化、政务服务、公共便民服务、医疗卫生服务、教育服务、特色服务、社区商讯、电子地图八大类服务信息，为地区居民提供方便快捷的“生活指南”。目前已有餐饮、家政服务、家电维修、购物等11大类60小类服务可实现网上预约，逐步达成让居民“省心、省力、省时、省钱”的目标。

2.夯实“睦邻之家”服务品牌

夯实“一个品牌”，即“睦邻之家”服务品牌，作为专业社工、社区社工、社区志愿者专群结合的服务平台，“睦邻之家”成立初期以对接商家和居民，沟通交流、问题收集反馈为己任，以各种志愿服务活动为载体，不断提升百姓生活服务中心为民服务的品质。

社区服务工作是一项系统工作，也是一项需要各部门和广大居民共同参与的工作。为了进一步加强服务队伍建设，延伸服务工作的深度和广度，西长安街街道进一步扩充和完善志愿者队伍，特别是注意吸引私营业主的参与。让他们通过参与志愿服务活动，服务居民，发挥能量。加大利用网络的宣传力度，弘扬正能量。加强协调和整合社区各种服务力量和服务队伍，增强日常化服务，杜绝突击式、集中式服务。

（三）加大对五小摊点的服务规范化管理

西长安街街道通过建设“百姓生活服务中心”，加大了对五小摊

点服务的规范化管理，极大地改善了西长安街地区的街容街貌，获得了社区居民的一致好评。2014 年开展了对其余 16 家摊点进行集中规范管理的工作，规范标准向第一批 6 家看齐，努力达到“四个标准”：一是做到位置适当；二是不影响美化市容环境；三是能够提升服务品质和信誉；四是积极服务于社区公益事业。摊点规范后统一加入社区便民服务商，并评选出优秀服务商，由街道给予适当的便民服务补贴，使其能更好地为社区居民提供服务。

（四）打造优质社会资源参与社区服务建设的新格局

西长安街街道利用“十五分钟社区服务圈提升年”的时机，尝试引进和组织社会上信誉度良好的、有品牌资质的优秀企业参与社区服务，改变目前状态下提供的服务的单一性、局限性。充分利用社区服务中心的平台功能，整合辖区各种资源，为企业和居民牵线搭桥，让居民能享受到各种高质量的、专业化的社区服务。与此同时，企业也能在参与社区服务中获得经济效益和社会效益的双重收益。西长安街街道将推动社区服务模式由提供服务向组织服务发展，由服务群众向服务组织发展，充分发挥服务中心在社区服务中的监督、管理和协调作用，形成全社会共同参与社区服务的新格局。

三 西长安街街道建立“百姓生活服务中心”，推进社区基础服务的思考与启示

社区服务工作是一项艰巨且需要长期探索并不断完善的社会治理任务。街道基层管理及基层社会组织需要在政府的坚强领导下，敢于正视问题和差距，研究制定一系列具有较强针对性、实效性和可操作性的制度和措施，并扎实有效地运用到工作实践中，推动社区服务逐步规范和完善。鼓励社会组织参与社区建设，为居民提供生活便利服

务，合理配置和利用社区资源，设立方便居民日常生活所需的超市、菜场等基础设施，为居民生活提供便利。

（一）加强社区服务队伍建设，强化社区服务功能

一方面是让社区干部适应新时期基层社会治理的需求，适应当前社区发展的需求，提高服务能力。社区干部要提高自身的服务意识，依规办事；公平公正地处理辖区内的社会事务。另一方面，在加强政府依法治理的同时，发挥基层自治及各类社会力量有序参与社会治理的作用，满足居民群众多元化的需求。

（二）积极引入社会资源参与社区建设

针对社区无法满足居民多样化服务需求的现状，积极探索引入社会组织和企业参与社区服务的新模式，通过优势互补和开放合作，可以取得既为社区减负，又能为辖区居民提供多样化服务的“双赢”效果。在和谐社区建设中，政府、企业、社会组织的有效制衡能使社区资源得到合理配置，从而能够妥善处理社区问题，推动和谐社区的建设。

在实际工作中，街道应按照“社区所需、群众所盼、社会组织所能”的原则，提出一些符合社区实际的发展项目，通过竞标的形式引入其他专业性较强的社会组织来完成项目，从而让政府用最少的资源、办最好的事。进一步推进社会组织的发展，给予社会组织更多的支持。社会组织要加强规范化建设，强化服务社会功能，提高社会公信力。形成合力，共同推动社会组织参与社会建设和社区管理，更好地为社区居民提供深入细致的公共服务，为构建和谐社区做出贡献。

（三）着力提高社区信息化建设

随着政府工作重心的下沉，社区工作量加大，工作难度也有所增

加，社会化管理项目繁多。社区信息化建设缺乏统一规划，社区信息资源配置和基础设施配置不足，许多社区的优势资源不能互补共享，一些部门过分注重信息资源的专管专用，导致自我封闭和资源的浪费。推进社区信息化建设既是提升社区工作效率、提高信息资源利用率的现实要求，也是适应大数据、互联网时代的客观要求。社区信息化建设包括社区信息化概述、社区信息化平台网络体系、平台的主要业务系统、平台的应用成果等内容。如何高效地处理这些常见的问题，使社区的动态信息能够及时准确地反映社区的民情，让社区服务走近居民家中，让广大居民享受到零距离、零环节、全方位的社区服务，是社区信息化建设的重要任务。

社区信息化建设能够增强社区工作人员做好社区信息化工作的责任感和紧迫感，明确社区信息化建设工作的重点和努力方向，掌握信息化管理服务平台的基本操作，为信息采集、信息录入、推进社区信息化建设、提升社区管理服务水平打下坚实的基础。

参考文献

陈雅丽：《社区服务研究：理论争辩与经验探讨》，《理论与改革》2006 年第 12 期。

郭安：《关于社区服务的涵义、功能和现有问题的研究》，《中国劳动关系学院学报》2011 年第 6 期。

郭苏梅：《探索社区网格化管理模式　完善基层公共服务和管理网络》，《中国机构改革与管理》2011 年第 3 期。

皮书起源

“皮书”起源于十七、十八世纪的英国，主要指官方或社会组织正式发表的重要文件或报告，多以“白皮书”命名。在中国，“皮书”这一概念被社会广泛接受，并被成功运作、发展成为一种全新的出版形态，则源于中国社会科学院社会科学文献出版社。

皮书定义

皮书是对中国与世界发展状况和热点问题进行年度监测，以专业的角度、专家的视野和实证研究方法，针对某一领域或区域现状与发展态势展开分析和预测，具备原创性、实证性、专业性、连续性、前沿性、时效性等特点的公开出版物，由一系列权威研究报告组成。

皮书作者

皮书系列的作者以中国社会科学院、著名高校、地方社会科学院的研究人员为主，多为国内一流研究机构的权威专家学者，他们的看法和观点代表了学界对中国与世界的现实和未来最高水平的解读与分析。

皮书荣誉

皮书系列已成为社会科学文献出版社的著名图书品牌和中国社会科学院的知名学术品牌。2011 年，皮书系列正式列入“十二五”国家重点出版规划项目；2012~2015 年，重点皮书列入中国社会科学院承担的国家哲学社会科学创新工程项目；2016 年，46 种院外皮书使用“中国社会科学院创新工程学术出版项目”标识。

法律声明

“皮书系列”（含蓝皮书、绿皮书、黄皮书）之品牌由社会科学文献出版社最早使用并持续至今，现已被中国图书市场所熟知。“皮书系列”的LOGO（）与“经济蓝皮书”“社会蓝皮书”均已在中华人民共和国国家工商行政管理总局商标局登记注册。“皮书系列”图书的注册商标专用权及封面设计、版式设计的著作权均为社会科学文献出版社所有。未经社会科学文献出版社书面授权许可，任何使用与“皮书系列”图书注册商标、封面设计、版式设计相同或者近似的文字、图形或其组合的行为均系侵权行为。

经作者授权，本书的专有出版权及信息网络传播权为社会科学文献出版社享有。未经社会科学文献出版社书面授权许可，任何就本书内容的复制、发行或以数字形式进行网络传播的行为均系侵权行为。

社会科学文献出版社将通过法律途径追究上述侵权行为的法律责任，维护自身合法权益。

欢迎社会各界人士对侵犯社会科学文献出版社上述权利的侵权行为进行举报。电话：010-59367121，电子邮箱：fawubu@ssap.cn。

社会科学文献出版社